赵渊贤◎著

Research on Governance Mechanism &
the Effectiveness of Internal Control & Enterprise Risk

治理机制与内控有效性及企业风险研究

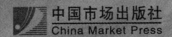

中国市场出版社
China Market Press

图书在版编目（CIP）数据

治理机制与内控有效性及企业风险研究/赵渊贤著. —北京：中国市场出版社，2015.2

ISBN 978-7-5092-1343-8

Ⅰ.①治… Ⅱ.①赵… Ⅲ.①企业内部管理-研究②企业管理-风险管理-研究 Ⅳ.①F270②F272.3

中国版本图书馆 CIP 数据核字（2014）第 291989 号

治理机制与内控有效性及企业风险研究

赵渊贤　著

出版发行	中国市场出版社				
社　　址	北京月坛北小街 2 号院 3 号楼		邮政编码	100837	
电　　话	编辑部（010）68037344　读者服务部（010）68022950				
	发行部（010）68021338　68020340　68053489				
	68024335　68033577　68033539				
	总编室（010）68020336				
	盗版举报（010）68020336				
邮　　箱	943341659@qq.com				
经　　销	新华书店				
印　　刷	河北鑫宏源印刷包装有限责任公司				
规　　格	170 mm×240 mm　16 开本		版　次	2015 年 2 月第 1 版	
印　　张	17.25		印　次	2015 年 2 月第 1 次印刷	
字　　数	210 000		定　价	36.00 元	

说起大学，许多人都会想起教育家梅贻琦校长的名言："所谓大学者，非谓有大楼之谓也，有大师之谓也。"大楼是一砖一瓦盖起来的，大师是如何成长起来的呢？

大师的成长，当然离不开种种主客观条件。在我看来，在诸多的因素中，一个十分重要甚至是不可或缺的因素就是学术思想、学术观点的充分展示与交流。纵观历史，凡学术繁荣、大师辈出时期，必有一个做学问者可以互相炫技、彼此辩论、各显神通的大舞台。古代春秋战国时代诸子百家争鸣，离不开当时的客卿、门客制度，为不同的观点、流派彼此公开竞争并得到君主的采纳搭建了平台；学者阿英在论及晚清以来中国新思想、新艺术的繁荣时，列举了三条原因，其中的第一条原因"当然是由于印刷事业的发达，没有此前那样刻书的困难；由于新闻事业的发达，在应用上需要多量的产生"。北京大学之所以能成为中国新思想新文化的发源地，社团与杂志在其中发挥了巨大作用：1918年，《北京大学月报》成为中国最早的大学学报，加之《新青年》、新潮社等杂志、社团为师生搭建了一个有声有色的大舞台，开启了自己近一个世纪的辉煌。国外名牌大学的发展，无不伴随着一次又一次思想的激烈交锋、学术的充分争鸣，并且这些交锋和争鸣的成果都得到了最好的展示与传播。没有这些交锋与争鸣，就没有古老的牛津、剑桥，也没有现代的斯坦福、伯克利。近代以来的印刷技术、新的出版机制、文化传播业的发达，为新的思想、学术之间彼此的炫技和斗法提供了可能的舞台：伟大的舞台造就了伟大的演员。

在现代的大学中，如果说大楼是基础、大师是灵魂，那么大舞台就应该是机制——它意味着研究冲动的促动、言说欲念的激发、交流碰撞的实现。在这样的机制中，精神、灵魂得到孕育！思想、学术实现成长！大学本身就应该成为一个众声喧哗的大舞台，一个为大师成长提供基础和机制的场所。因此，大学出版自己的学术文库，运用现代传媒、现代出版为自己的教师提供思想碰撞、学术交流的平台，其意义绝不仅限于资金的支持和个人成果的发表，它的意义更在于通过这种方式营造学术氛围、彰显学术精神，在学校形成言说、表达、交流的习惯和风尚，激励教师为了"台上一分钟"，做好"台下十年功"，凝聚大学理念、大学精神、大学风格。

湖北经济学院是一所年轻的大学，湖北经济学院的教师大多都还年轻，正逢为一所初创不久的大学承担奠基、开拓之责的难得人生机遇。我们中还没有大师，或者说在我们这里产生大师还有很长的路要走。然而，这并不等于我们不期待大师的产生，更不意味着我们不去为大师的成长做出努力、不去为大师的产生构筑平台。大师的成长是大学成长的永恒动力，对学术的追求是大学能够逾千年而长青的不竭源泉。现在，我们的平台也许还不够高，还不够大，但我们坚信：这个小平台也许就是未来大师的第一次亮相！因此，我们在这里鼓励每个人以充分的自信发出自己的声音，可以在众声喧哗中大声喧哗，在交流碰撞中实现批判、被批判与自我批判，能够在这个平台上得到成长，收获乐趣，实现价值！

"湖北经济学院学术文库"就是这样一个为大师成长搭建的交流与对话的平台。每一本著作，都是我们的教师在各自学术领域中富有心得而最想表达的内容——他们渴望得到承认，也不怕获得批判；他们充满自信地言说，也将谦虚自谨地倾听。

愿"湖北经济学院学术文库"和湖北经济学院一同成长，愿它能成为一个大师初成的舞台，从中诞生出不朽的学术和永恒的大学精神！

湖北经济学院院长：吕忠梅

摘　要

　　自 2002 年美国国会颁布《萨班斯-奥克斯利法案》（以下简称《萨班斯法案》）以来，内部控制研究成为学术界和实务界研究的热点问题。各国政府逐渐认识到内部控制对于企业以及资本市场健康稳定发展的重要性，纷纷出台了相关的内部控制法规。我国政府也出台了一系列的内部控制法规，形成了内部控制建设、评价和审计的完整体系。与此同时，我国相关的理论研究却略显不足。如这些内部控制法规的实施效果如何？内部控制是否有效？哪些因素会影响到内部控制有效性？内部控制有效性是否显著降低了企业风险？这些都是理论界需要解决的问题。但目前学术界对于这些问题缺乏系统的研究，对相关问题没有达成共识，这为本书进一步研究提供了契机。

　　本书在综述国内外相关研究成果的基础上，运用委托代理理论、代理成本理论、信号传递理论、投资者保护理论等理论，采用规范分析、实证分析、契约分析等研究方法，沿着"理论分析→实证分析→对策建议"的研究思路，对其选题——"治理机制与内控有效性及企业风险研究"，从如下三个部分加以研究：

第一部分是理论研究，包括对国内外学术界有关内部控制有效性和企业风险的相关研究成果进行综述和评价、对相关概念的理论解析以及对公司治理机制下内部控制有效性影响企业风险的理论分析；第二部分是实证研究，具体包括内部控制有效性评价指标构建、公司治理影响内部控制有效性的实证分析以及公司治理机制下内部控制有效性影响企业风险的实证分析；第三部分是对策研究，结合我国制度背景，为提高内部控制有效性，完善企业内部治理和外部治理机制，提出一系列制度安排。

本书对其选题研究的创新之处主要在于：第一，建立了以内部控制目标为导向的内部控制有效性评价指标体系。第二，深化了对内部控制和外部控制的认识，系统分析了治理机制对于内部控制的影响。第三，解释了企业内部控制有效性影响企业风险的作用机制，综合考虑企业内外部治理机制对企业内部控制有效性影响企业风险的调节作用。此外，本书理论联系实际，根据实证部分的结论，从提高内部控制有效性，完善外部治理机制和内部治理机制等方面提出了一系列制度安排。

关键词：内部控制有效性　公司治理机制　企业风险

Abstract

Since 2002, American Congress issued Sarbanes–Oxley Act (SOX), internal control research has become a general concern both in theory and practice. National regulatory authorities have gradually realized the importance of internal control for the healthy and stable development of enterprises and capital market, it have introduced laws and regulations related to internal control. The Chinese government has introduced a series of internal control regulations, forming a complete system of internal control construction, evaluation and audit. Correspondingly, the relevant theoretical research in China is lacking. As to the internal control regulations in effect? The internal control is effective? What factors will affect the effectiveness of internal control? The effectiveness of internal control is significantly reduces the business risk? This is the need to solve at present the theory problem. But in the present academic circles for these problems is lack of systematic research, no consensus on related issues,

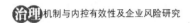

which provides an opportunity for further study of this.

Based on the review of domestic and foreign related research results, using the principal-agent theory, agency cost theory, signaling theory, investor protection theory, using normative a-nalysis, empirical analysis, contract analysis, along the "theo-retical Analysis-Empirical Analysis-Countermeasures" research route, the topic "corporate governance, the effectiveness of internal control and enterprise risk research", studies from the following three parts: the first part is the theory research, reviewed and evaluated the relevant achievements include the academic circles at home and abroad about the effectiveness of internal control and enterprise risk; the second part is the empirical research, including the impact of construction, internal control indicators of assessment of effectiveness of corporate governance affect the effectiveness of internal control and corporate governance mechanism and empirical analysis of the effectiveness of internal control to reduce the enterprise risk effect; the third part is the countermeasure research, combines with the system background of our country, in order to improve the effectiveness of internal control, improve the internal governance and external governance mechanism, put forward a series of institutional arrangements.

In this paper, through the study of the topic, the innovation of this paper lies in: first, to establish the internal control effectiveness evaluation index system of goal oriented, enrich the evaluation method of internal control effectiveness. Second, deepen the understanding of internal control and external control, systematic analysis of the governance mechanism for the effect of internal control. Third, reveals the function mechanism of enterprise internal control effectiveness of enterprise risk. Considering how the internal and external governance mechanism affects the effect of enterprise internal control effectiveness of enterprise risk. In addition, this theory with practice, according to the empirical conclusion, in order to improve the effectiveness of internal control, improve the extern governance and internal governance mechanism and puts forward a series of institutional arrangements.

Key words: Effectiveness of Internal Control; Corporate Governance Mechanism; Enterprise Risk

目 录

第一章

导　论

内部控制是目前理论界和学术界研究的热点问题。无论从理论上还是实践上，公司治理都是影响内部控制的重要方面。内部控制有效性水平受到公司治理机制的显著影响，并且公司治理机制对于内部控制有效性降低企业风险的效应具有显著的调节作用。因此，重视对公司治理影响内部控制有效性的研究，对于完善企业公司治理机制，提高内部控制有效性进而降低企业风险具有重要的理论和现实意义。

第一节 现实背景和理论背景

一、现实背景

美国 COSO 委员会（全美反舞弊性财务报告委员会发起组织，Committee of Sponsoring Organization of the Treadway Commission，COSO）在 1992 年发布了在世界范围内广为接受的《内部控制——整体框架》（以下简称旧框架，1992 年 COSO 框架）。旧框架发布二十多年来，世界经济环境发生了巨大变化，高新技术的应用、组织结构的日趋复杂以及更加严格的治理要求，使企业更加重视公司治理和风险管理，关注范围也扩大到非财务报告的内部财务控制。加上近年来因内部控制失效而发生的一系列舞弊事件和金融危机的破坏性影响，企业对加强和完善内部控制提出了更高的要求。为了顺应新形势，2010年9月，CO-SO委员会启动了对《内部控制——整体框架》的审核和更新，在随后的两年多时间里对内部控制标准做出了重大修订，经过广泛征求意见，COSO委员会于2013年5月正式发布了《2013年内部控制——整体框架》（以下简称新框架）。COSO委员会相信此次发布的整体框架能够帮助组织有效果和效率地发展和维持内部控制制度，有助于实现组织目标，更好地适应业务和经营环境的变化。新框架在保留旧框架中关于内部控制定义以及构成要素等核心内容的基础上，增加了非财务信息以及内部报告的内容，并且考虑了业务和经营环境在过去二十多年的变化，包括利益相关者对治理监督职能的期望、市场和经营的全球化趋势、商业模式的改变、法律法规的国际化和复杂化、对胜任能力要求的提高、企业对于不断进步科技的依赖、监管机构对于预防及识别企业舞弊的期望等变化。虽然新框架并没有改变内部控制的基本概念和核心内容，但其修改部分，必然会对我国的内部控制体系建设造成一定的影响。

财政部、中国证券监督管理委员会（以下简称证监会）、审计署、中国银行业监督管理委员会（以下简称银监会）、中国保险监督管理委员会（以下简称保监会）五部委2008年5月联合发布的《企业内部控制基本规范》和2010年4月联合发布的《企业内部控制配套指引》，共同构建了中国企业内部控制规范体系，并制定了企业内部控制规范体系的实施时间表：自2011年1月1日起首先在境内外同时上市的公司施行，自2012年1月1日起扩大到在上海证券交易所、深圳证券交易所主板上市的公司施行；在此基础上，择机在中小板和创业板上市公司施行；同时，鼓励非上市大中型企业提前执行。这一系列企业内部控制及其评价的政策法规的出台和上市公司实施内部控制规范的有序推进，充分显示出完善上市公司内部控制和促进资本市场健康发展的迫切要求。与此相对应的是，我国的内部控制相关研究尚处于初级阶段，内部控制规范体系的建立和实施，为学者深入开展内部控制相关研究提供了契机。

近年来，学术界关于健全有效的内部控制的作用已达成共识。从巴林集团由于交易员的疏于控制引发百年老店的破产，到安然公司由于财务舞弊导致的经营失败，再到雷曼兄弟漠视风险，大量投资金融产品成为次贷危机的导火索，这一系列的经营失败都是由内部控制失效引起的。我国近年来爆发的一系列案件也与内部控制失效有着紧密联系。企业想要发展壮大，必须重视风险防范，而防范风险最有效的方式就是建立一个健全有效的内部控制制度，并能够得到严格实施。

Rogier and Robert（2008）指出，内部控制实质上是组织内部的一系列活动，不能直接观测到。因此研究内部控制有效性问题，需要从内部控制制度设计的有效性和执行的有效性两个方面考虑。如我国的中航油作为曾经的明星企业，内部控制建设非常完备，但并没有得到有效实施，导致期权投资失去控制，最终导致破产的结果。内部控制评价也应从这两个方面入手，即从设计有效性和运行有效性两个方面进行评估。研究内部控制有效性还会受到外部治理环境的影响，如市场竞争环境、政府干预程度、法律完善程度、注册会计师审计质量和媒体监督等因素，同时，内部治理环境也是内部控制实施的重要影响因素，外部治理环境和内部治理环境都对内部控制有效性具有重要影响，因此在研究内部控制和企业风险关系时，应考虑外部治理环境和内部治理环境的综合影响。

二、理论背景

　　内部控制有效性是近年来研究的热点问题。内部控制有效性是指企业实施内部控制的效果，这一效果会受到企业内外诸多因素的影响和制约。这是 2002 年美国颁布《萨班斯法案》以来，在内部控制研究领域颇受中外学术界关注的一个重要方面，并且取得了很多理论成果。本章通过对近十年来国外三大顶级期刊（*Accounting Review*；*Journal of Accounting Research*，*Journal of Accounting Economics*）和国内两大重要专业期刊（《会计研究》和《审计研究》）的统计发现，研究内部控制质量或有效性影响因素的论文共有 56 篇，其中，研究企业内部影响因素的论文有 53 篇，主要集中在业务复杂程度、企业规模、盈利能力、成长性、企业成立时间、审计委员会、组织结构、产权性质、股权结构、企业文化和信息化程度等方面；研究企业外部影响因素的论文仅有 3 篇，主要集中在市场化程度、法律环境、外部审计和国家文化等方面。由此可见，目前中外学术界对企业外部影响因素的研究略显不足，尤其是在研究外部治理因素方面缺乏系统性。

　　然而，企业外部因素对企业内部控制有效性的影响不容忽视。无论从理论上还是实践上看，内部控制和外部控制都是保证企业健康发展所不可或缺的制度安排，两者之间存在互补性（李连华，2007）。内部控制的有效性必将受到外部控制的影响（张继德，2013）。按照 Hurwicz，L.（1960，1972，1977）、Maskin，E.（1977，1999，2002）和 Myerson，R.（1979，1981，1982，1986，1989）等所创立和发展的机制设计理论，单一的内部控制所达到的效率总是次优的，只有内部控制与外部控制相互配合,才有可能达到效率的最大化。因此,在研究内部控制有效性和企业风险的关系时考虑内外部治理机制的影响,对于我们深入理解内部控制与外部治理机制之间的关系以及加强对两者之间的有效整合具有一定的启示意义。

第二节　研究意义

由上面的现实背景和理论背景不难看出,本书对其选题进行系统的研究,具有重要的理论和现实意义。本书综合运用新制度经济学方面的研究成果,采用规范分析、实证分析和制度分析等研究方法,考虑公司外部治理和内部治理机制的影响,从企业风险管理的角度来研究内部控制有效性,为人们研究这一问题提供了一种新的分析视角和分析思路,为完善我国企业内部控制以及风险管理提供理论指导。为此,本书将力求在以下几个方面发挥积极的作用:

(1) 深化内部控制问题的理论研究。21 世纪初期以来,内部控制已经成为会计审计理论和实务界以及监管部门研究和关注的焦点问题,美国安然事件、世通公司舞弊案的发生和《萨班斯法案》的颁布实施,以及我国相关内控法律法规的颁布实施,都表明内部控制的重要性日益突出。然而与内部控制实践活动的蓬勃发展相比,内部控制理论研究相对滞后,缺乏系统的理论研究。本书从内部和外部治理机制入手研究内部控制有效性问题,丰富了相关文献,提供了一定的理论成果。

(2) 完善我国企业内部控制的评价工作,为我国企业完善内部控制制度、开展内部控制评价工作提供理论依据和经验指导。

目前国内关于内部控制有效性评价指标的研究主要以内部控制五要素为评价内容，虽然也有以内部控制目标为研究对象的，但在指标选取和实证检验方面存在显著不足，无法构建科学完整的内部控制指数。本书以内部控制目标为导向建立了内部控制有效性评价指标体系，并对指标体系的可靠性进行了实证检验，能够较为合理地评价企业的内部控制有效性水平，为内部控制有效性评价提供了一种新思路。

（3）帮助企业加强风险管理。企业风险管理是企业在实现未来战略目标的过程中，试图将各类不确定因素产生的结果控制在预期可接受范围内的方法和过程，以确保和促进组织的整体利益实现。企业风险管理涵盖了内部控制的研究框架，但是内部控制有效性能否显著降低企业的风险，学术界并没有达成共识；外部治理环境对企业风险管理具有什么样的影响，也是企业风险管理过程中需要验证的问题。

第三节　研究内容与研究方法

一、研究内容

本书围绕其选题，共分九章展开研究。除第一章导论和第九章研究结论和研究展望之外，其他七章的内容大致可以概括为如下三个部分：

第一部分是"理论分析"，由第二章、第三章和第六章构成。第二章为国内外研究现状，对国内外学术界有关内部控制有效性和企业风险以及两者之间关系的相关研究成果进行了综述和评价。第三章对公司治理、内部控制及企业风险相关概念进行了理论解析。这两章内容既是本书研究的理论基础，也为本书研究提供"参照系",指明研究方向。第六章分析了公司治理机制下内部控制有效性对企业风险的影响,为接下来的实证部分提供理论依据。

第二部分是"实证分析",由第四章、第五章和第七章构成。第四章是内部控制有效性评价研究,通过建立内部控制评价指标体系来衡量内部控制有效性水平,这是本书研究中必须首先解决的一个重要问题。第四章是接下来实证研究的基础,计算出的内部控制有效性得分作为内部控制有效性的衡量指标。第五章实证检验了外部治理机制对内部控制有效性的影响,目前关于内部治理机制对内部控制有效性影响的研究已经成熟,并取得了充分的实证证据,因此本章仅验证了外部治理机制对内部控制有效性的影响,并提供了相关实证依据。第七章是内部控制有效性影响企业风险的实证分析,以我国沪市 A 股上市公司为研究样本,在控制一系列变量后,考虑公司外部治理和内部治理机制的影响下,内部控制有效性对企业风险的作用机制。

第三部分是"对策研究",由第八章构成。第八章是完善企业内部控制有效性的制度性研究,在上述"理论分析"和"实证分析"的基础上,从企业风险管理的角度,结合我国企业的市场环境和制度背景,为提高内部控制有效性,完善内部和外部治理机制,提出一套制度安排。

二、研究方法

本书在对内部控制有效性进行研究的过程中,综合运用了契约分析法、规范分析法、实证分析法等研究方法。

(1)契约分析法。契约是人类迄今为止所发现的规范人际关系、平抑冲突的最佳手段之一(姜振颖,2000)。契约是从事各种交易的基本方式,而且通过契约可以构造不同形式的经济组织

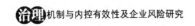

和权利结构（Eueken，1951）。因此，契约分析方法被认为是新制度经济学中最核心的研究方法。与新古典经济学把制度因素作为既定不变的外生性变量相比，契约分析方法无疑更加贴近现实（杨浩，2001）。实际上，契约分析方法就是制度分析方法。这种分析方法几乎贯穿本书研究的始终，如对内部控制有效性的界定。

（2）规范分析法。即采用演绎方法，通过一般到特殊，加以逻辑推理的一种研究方法。它不是对事物"实际上是什么"的规定和陈述，而是对事物"应该是什么"的规定和陈述。可见，这种方法含有对某一事物是"好"还是"坏"的价值判断，如对内部控制有效性评价指标体系的构建。

（3）实证分析法。与规范分析法相比，这种分析方法是对事物"实际上是什么"的分析和陈述，它不涉及个人的价值判断。该研究方法有两种方式。一种是理论实证：首先，通过对各种事物的分析和归纳，概括出理论假设，进行逻辑演绎，推导出一些研究结论；然后，逐步放松理论假设，使研究结论更加贴近现实。另一种是经验实证，即通过对大量研究样本的统计、分析和处理，对理论实证得出的研究结论进行经验性检验。可见，理论实证与经验实证是相辅相成的。本书主要进行了三个方面的实证分析：一是对建立的内部控制评价指标体系的可靠性进行实证检验；二是公司治理对内部控制有效性的实证研究；三是公司治理机制下内部控制降低企业风险效应的的实证研究。

第四节　研究思路与创新之处

一、研究思路

本书研究的基本思路是：以理论联系实际为基本原则，采用"理论分析→实证分析→对策建议"的思路。马克思主义哲学告诉我们，理论与实践有着密切的联系。一方面，理论要来源于实践，也就是理论要能够解释世界；另一方面，理论要能够指导实践，也就是理论要能够改造世界。这是理论的两个基本功能。所以，理论研究要联系实际，重在解决实际问题。本书的这一研究思路体现了马克思主义的这一哲学思想，将有助于解决理论联系实际的问题。本书的具体研究思路如下：

（1）首先对国内外关于内部控制有效性和企业风险的相关文献进行综述，既为本书研究奠定理论基础，也为本书研究提供"参照系"，指明研究方向。

（2）采用契约分析、规范分析等研究方法，运用企业风险管理理论、委托代理理论、投资者保护理论等理论对公司治理、内部控制和企业风险进行相关理论分析，构建内部控制有效性评价指标体系，并分析公司治理机制对内部控制有效性和企业风险之间关系的调节作用，为本书后面的实证研究部分和对策研究部分奠定理论基础。

（3）在理论分析的基础上，采用回归分析方法，通过建立检验模型，以我国上市公司为研究样本，首先对建立的指标体系进行实证检验，然后对公司治理、内部控制有效性和企业风险之间的影响机制进行实证检验。

（4）在理论分析和实证分析的基础上，采用规范分析、契约分析等研究方法，运用企业风险管理理论、制度效率理论、公司治理理论等理论，紧密结合我国企业的市场环境和制度背景，从加强内外部治理机制的角度，为完善企业内部控制有效性提出一套制度安排。

上述研究思路可用图 1-1 加以描述。

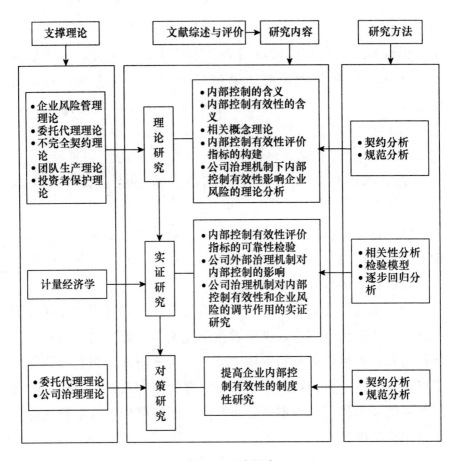

图 1-1   研究思路

二、创新之处

本书在综述国内外相关研究成果的基础上，运用委托代理理论、企业风险管理理论、公司治理理论、投资者保护理论等理论，采用规范分析、实证分析、契约分析等研究方法，对公司治理机制影响下，内部控制有效性降低企业风险的效应进行全面而深入的研究，得出了一些有见地的结论。其创新意义主要表现在：

（1）建立了以内部控制目标为导向的内部控制有效性评价指标体系。以往在对内部控制有效性进行评价时，学者采用定性和定量两种方式，定性评价方法偏重于主观判断，结果存在一定误差，学者们尝试采用多种方法进行定量评价，但对于评价对象和评价指标的选取存在较大分歧。本书尝试以内部控制目标为评价对象，以目标的实现程度反映内部控制有效性水平，根据五个子目标建立两个维度的评价指标体系，研究时尽可能选取较多的指标从多角度来反映目标的实现状况，并且指标尽可能从企业公开披露的信息中获得，有助于保证评价结果的客观性。

（2）深化了对内部控制和公司治理关系的认识。现有文献在研究内部控制有效性的影响因素时，大多考虑单一因素或者局限于内部因素的影响，而忽视了考察内部治理机制和外部治理机制的综合影响。关于公司治理和内部控制之间的关系，学术界存在三种主流观点：一是内部控制基础论；二是公司治理要素论；三是公司治理和内部控制嵌合（或契合）论。本书的实证结果支持了公司治理要素论。根据机制设计理论，只有外部治理机制和内部治理机制的有效结合，才能提高内部控制有效性。

（3）揭示了内部控制有效性影响企业风险的作用机制。现有的文献在研究内部控制有效性时，大多考虑的是与公司价值方面相关的经济后果，一方面是因为按照现代企业财务管理理论，企业的目标是公司价值最大化，对企业风险却并不重视；另一方面是因为现在风险管理理论几乎涵盖了内部控制的大部分内容，导致学者一致认为内部控制可以降低企业风险，但是较少获得实证检验，并且在进行相关研究时，只考虑了单一的因素，没有考虑在企业内部治理环境和外部治理环境的综合影响下，企业内部控制有效性对企业风险的影响。为此，本书试图解决这一问题，通过考察内外部治理机制影响因素，研究内部控制有效性对企业风险的作用机制。

此外，本书理论联系实际，根据实证部分的结论，为提高我国企业内部控制有效性，完善风险管理提出一套制度安排。本书在实证研究结论的基础上，从完善企业外部治理机制、完善内部治理机制、加强内部控制建设等方面提出了一系列制度安排。

第二章

国内外相关研究现状

任何理论研究都建立在前人研究的基础上。通过对以往学者研究成果的总结和梳理，能够反映当前某一领域中某分支学科或重要专题的最新进展和学术见解。本章将着重对内部控制有效性和企业风险的相关研究成果加以综述和梳理，为本书的进一步研究指明方向。

第一节　关于内部控制有效性的相关研究

内部控制一词最早由内部牵制发展而来。早在 3000 多年前，内部控制的思想就已经体现在人们的生活中。经过人类历史的不断发展，已经形成了内部控制的完整概念。学者们从概念、评价、影响因素和经济后果等多个方面对内部控制进行深入研究，取得了丰富的成果，本书接下来按照这一思路对这些文献进行综述分析。

一、关于内部控制概念的相关研究

关于内部控制的概念，学术界总体上是在"内部"和"控制"这两个概念的基础上界定的，但是在表述上存在多种方式，除了"内部控制"外，还有"内部会计控制"、"财务报告内部控制"、"内部财务控制"以及"综合内部控制系统"等种种称谓，而且管理学家和会计学家对"内部控制"的定义也存在较大差异，我们将从管理学和会计学两个角度来探讨内部控制的概念。

（一）管理学家对内部控制的定义

著名的管理学家罗伯特·西蒙斯在《控制》（Levers of Control：How Managers Use Innovative Control System to Drive Strategic Renewal）一书中，将管理控制系统定义为"管理人员为保持或改变组织内部活动模式而采用的正式的、基于信息的例行程序和步骤"。显然，作为管理学家，罗伯特·西蒙斯重视的是程序性和控制步骤，并以此描述控制系统的基础。另一位管理学家孔茨则将控制定义为："按照计划目标的标准衡量计划完成的情况，并纠正计划执行中的偏差，以保证计划目标的实现。"

从以上概念可以看出，管理学家在对内部控制进行定义时，都是从控制程序、控制步骤和目标的实现的角度出发的，他们对内部控制的理解都带有本身的学科特点，更多地把控制（内部控制）作为保证企业战略目标得以实现的执行系统来看待，这也体现了管理学家对内部控制的认识和定位。

（二）会计学家对内部控制的定义

会计学家（包括会计职业界人士）大都将内部控制作为会计信息和资产安全的可靠保证，将内部控制与防止舞弊、保证会计信息真实联系在一起，因此会计意义上的内部控制是以财务报告为中心的。会计界对内部控制的定义，主要是由会计职业管理组织从会计信息的保证角度给出的。下面将从会计角度，介绍内部控制概念的发展过程。

对于企业来说，内部控制并不是由于监管需求而产生的新的制度安排，而是伴随组织的发展而产生和发展的。内部控制由内部牵制发展而来。15 世纪初期，为满足财产物资的生产管理需要，尤其是伴随着复式记账法的出现，企业出现了强调人员职责分工、不相容职务分离以及人员更换的内部牵制制度。主要目的是对财产物资流转过程和管理过程进行控制，防止可能存在的舞弊，保证企业资产的安全和完整，这在当时被认为是保证账目正确无误的一种理想的控制方法。进入 20 世纪 30 年代，企业内部管理逐渐完善，并且形成了较为完备的内部牵制制度，内部牵制的概念逐渐清晰，认为"内部牵制是由账户和程序组成的协作系统，这个系统确保员工从事自身工作时，独立地对其他员工的工作进行连续检查，以确定其舞弊的可能性"[1]。内部牵制是为了实现人员的牵制，主要基于两个假设：一是两个或两个以上人员或部门同时无意犯错的可能性较小；二是两个或两个以上人员或部门串谋舞弊的可能性小于一个人或部门。由于收效显著，这一制度被许多公司纷纷采用。

20 世纪 40 年代，伴随着社会化大生产的发展和股份制的出现，内部牵制逐渐不能满足生产管理的需要，并且在这一时期审计思想和审计模式逐渐发展，促使内部牵制逐步向内部控制发展。可以肯定地说，内部控制是伴随着组织发展由组织内部自发产生的，而不是受到外部环境的影响产生的。"内部控制"一词最早作为审计术语出现在审计文献中。1936 年，美国会计师协会（American Institute of Accountants，AICPA 的前身）下属的审计程序委员会在发布的公告《注册会计师对财务报表的审查》中，首次采用了"内部控制"这一专门的术语，并将内部控制定义为："内部牵制和控制（internal check and control）是指通过采用一定的手段和方法检查簿记实物的准确性，从而实现保护公

---

[1] 李敏. 内部会计控制规范与监控技术［M］. 上海：上海财经大学出版社，2003.

司现金和其他资产安全的目的"。保护措施涉及销售收入和资金的支出以及货物的收发等，其中最常用的保护措施是职务分离和机构设置。虽然该定义针对的是内部牵制和控制，但从内容看，定义的仍然是内部牵制。公告还提出，制定审计程序时，注册会计师应根据企业的内部牵制和控制来确定审计测试的范围。公告的发布体现了会计职业界对内部控制活动应解决问题的关注，但这一定义由于和实务存在较大差距，并没有引起会计职业界对内部控制的重视。1949 年，该机构又发布了关于内部控制的一个研究报告，其中对内部控制的定义较为权威，被学术界和实务界广泛接受，即："内部控制是为保护企业资产，检查会计信息的准确性，提高经营效率，推动公司执行既定的管理政策而设置的组织机构以及采取的互相协调的方法和措施"。这一定义将内部控制的概念进行延伸，拓展到财务会计之外的功能，但对于注册会计师来说，该定义过于宽泛。由于注册会计师对内部控制的评审具有法律责任，因此注册会计师要求对其进行修改。于是，1958年该机构又发布了《审计程序公告第 29 号》，该公告认为，内部控制从广义的角度分，包括会计控制和管理控制，会计控制与资产安全和财务记录可靠性相关，而管理控制与经营效率和贯彻管理方针有关。内部会计控制和管理控制，主要是为了让注册会计师明确对内部控制的审查范围，但由于每个人对会计控制和管理控制的内涵具有不同的理解，因此也受到学者的诟病。为此，审计程序委员会和审计准则委员会分别在 1963 年和 1973 年对这一分类方法再次进行解释和修订。此后，这种分类方法一直延续到20 世纪 80 年代。尽管这种分类受到很多学者的质疑，但不可否认的是，这一定位超越了会计的局限，纵贯企业整个活动，建立了内部控制的架构，相对于内部牵制来说，无疑是一个巨大的进步。

但内部控制二分法也引起了许多学者的争议。学者们认识到，这两者是紧密联系、不可分割的。尤其是伴随审计实务的快速发展，注册会计师的工作重点从传统的会计控制拓展到了管理控制的范畴，内部控制二分法失去了原有的意义，于是学术界又重新进行了研究。因此，1988 年，美国注册会计师协会（American Institute of Certified Public Accountants，AICPA）在发布的《审计准则公告》第 55 号（SAS55）中，引入了内部控制结构的概念，将其定义为"为实现企业特定目标提供合理保证而建立的各种政策和程序"，并进一步将内部控制结构划分为三要素：控制环境、会计系统和控制程序。从涵盖内容上看，内部控制结构的概念范围更广，内容划分得更加细致，因而这一公告的发布可以看作内部控制理论发展的一个里程碑。从概念上看，内部控制结构阶段首次引入控制环境的概念，充实了内部控制的研究内容，内部控制理论也从"系统二分法"发展到"结构三分法"，是内部控制理论发展史上的一次大变革。

虽然内部控制结构与内部控制系统相比，理论上取得了较大的突破，但将控制程序、控制环境和会计系统并列具有显著缺陷，因为控制环境和会计系统都涵盖了控制程序的部分内容，概念没有厘清。因此，这一提法并没有得到理论界和实务界的一致认可。1985 年，由于舞弊事件的频繁发生，美国国会组建了由五个职业团体提供赞助的 Treadway 委员会，该委员会主要研究财务报告舞弊发生的原因，其中包括内部控制不健全。该委员会研究发现，财务报告舞弊有 50％是由于企业内部控制的缺失造成的，因此建议赞助机构对内部控制的概念进行重新定义，规范内部控制的框架，以此来调和大部分学者的不同意见。于是，Treadway 委员会成立了"发起组织委员会"，即 COSO 委员会。COSO 委员会采用文献研究、一对一访谈、实地实验和公开披露等方式进行了大量研究，最终于 1992 年发布了著名的《内部控制——整体框架》，将内部控制定义为"由企业董事会、经理层和其他员工实施的，为营运的效率效果、财务报告的可靠性、相关法令的遵循性目标的达成而提供合理保证的过程"，这一定义也被学术界和实务界广泛接受，它将内部控制要素扩展为五个，即：控制环境、风险评估、控制活动、信息与沟通以及监督。上述五项内容相互联结，构成了一个完整不可分割的整体。该报告在 1994 年进行了修订，对相关内容进行了完善。

到了 2004 年，伴随着对内部控制认识的深化，COSO 委员会将内部控制拓展到风险管理理论，在《企业风险管理框架》(Enterprise Risk Management Framework，ERM) 中将内部控制要素增加到八个，即：内部环境、目标制定、事项识别、风险评估、风险反应、控制活动、信息与沟通和监控等。

我国学者对内部控制的研究开始得较晚，最初的研究以介绍国外的研究成果为主，也尝试性地对内部控制进行定义。根据张龙平教授的观点，国内学者对内部控制概念大致有三种观点：一是内部控制制度论（王德升和阎金锷，1988）；二是内部控制结构论（娄尔行，1987）；三是内部控制要素论。2008 年，五部委联合发布的《企业内部控制基本规范》将内部控制定义为"由企业董事会、监事会、经理层和全体员工实施的、旨在实现控制目标的过程"，并进一步设定了内部控制的目标，定义为："合理保证企业经营管理合理合法、资产安全、财务报告及相关信息真实完整，提高经营效率和效果，促进企业实现发展战略。"

根据以上回顾我们发现，管理学家对内部控制的认识主要从控制程序、控制步骤和目标的实现等角度出发，而会计学术界对内部控制的认识经历了内部牵制、内部控制系统、内部控制结构、内部控制框架、企业风险管理整合框架五个阶段，内部控制的内涵也从内部牵制一元论发展到二分法、三要素、五要素和八要素。内部控制概念的发展过程如图 2-1 所示。

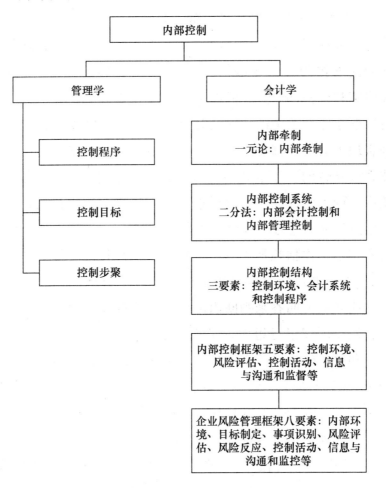

图 2-1 内部控制概念发展过程

二、关于内部控制有效性评价的相关研究

有效的内部控制评价是内部控制得以有效实施的一项重要且必要的常规性活动和制度性安排（池国华，2010）。美国最早开始从事内部控制评价的相关研究，AICPA 最早提出内部控制评价这一概念，将内部控制定义为"评价内部控制的有效性时，选

择应抽查的范围，取决于内部控制系统的检查结果"。不同国家的学术界和理论界都针对内部控制评价进行了系列研究。

（一）关于内部控制有效性的评价范围

对内部控制有效性进行评价，需要解决的首要问题就是"什么样的内部控制是有效的"，制定一个内部控制有效性的框架。很多国家和机构都对这一问题进行了深入研究，建立了自己的内部控制框架体系。美国注册会计师协会、COSO 委员会和英国财务报告理事会等，都通过建立内部控制框架和标准来明确内部控制体系应具备的要素和内容。如 COSO 委员会在 1992 年 COSO 框架中明确了内部控制五大要素：控制环境、风险评估、控制活动、信息沟通和监控。在这一框架的影响下，加拿大控制标准委员会发布了《评估控制指南》，详细列示了识别内部控制是否有效的 20 项标准，同时针对每项标准设计了具体的问题，通过企业对这些问题的回答来判断内部控制是否有效。1998 年，巴塞尔委员会发布了《银行组织内部控制系统框架》，构建了内部控制的目标和要素体系，并进一步提出了评价商业银行内部控制有效性的 13 项指导原则。2010 年我国发布的《内部控制基本规范》明确规定了内部控制有效性应包含的五要素：内部环境、风险评估、控制活动、信息与沟通以及内部监督。

20 世纪后期，信息技术的高速发展和传统经营模式的改变，给企业内部控制提出了巨大挑战。国际信息系统审计与控制协会（ISACA）发布了《信息和相关技术的控制目标》，该报告构建了一个基于信息技术的内部控制框架，提出评价信息质量的七项标准是效果、效率、保密性、完整性、可用性、合规性和可靠性；支撑基于 IT 技术的内部控制系统正常运行的资源应包括人、应用系统、技术、设备和数据；将基于 IT 环境下的企业内部控制活动细分为 34 个过程，并将其与信息质量标准和资源叠加形成了 318 个控制目标，根据这些细化的目标来评价企业内部控制系统的有效性。

2002 年，在安然事件之后，美国国会发布了《萨班斯法案》，其中的 404 条款要求公司根据 1992 年 COSO 框架对内部控制进行评估和报告。但《萨班斯法案》强调的是内部控制对财务信息质量的影响，重视财务报告内部控制，因此这一时期的文献都采用实证的方法来检验《萨班斯法案》404 条款的实施效果，以企业是否按照 SEC 要求披露内部控制实质性漏洞（material weakness）判断企业的内部控制是否有效，以此来检验企业内部控制的实施效果，并没有涉及关于内部控制评价方法的问题。这一时期的研究主要包括《萨班斯法案》颁布后上市公司内部控制重大缺陷信息的披露状况（WeliliGe et al.，2005）；企业盈利质量和内部控制的关系（Jeffrey T. Doyle and Weili Ge，2007）；上市公司内部控制缺陷及修正对盈利质量的影响（Hollis Ashbaugh-Skaife，2008）等。但是 404 条款在实施过程中的执行成本引发了诸多争议[1]（黄京菁，2005），并且大多数公司并没有把 1992 年 COSO 框架作为内部控制评价的基础（Parveen P. Gupta，2006），因为该框架并不是从管理层的角度制定的，也没有以管理为中心，缺乏可操作性。尽管《内部控制——整体框架》（2004 年版）拓展了 1992 年 COSO 框架，更加关注企业风险管理，但也没有针对内部控制评价提供更具体的指南。

我国的内部控制制度经历了从无到有的发展阶段，关于内部控制评价的研究起步较晚，在 2010 年内部控制规范体系发布之前，学者们的研究主要是对国外相关研究成果的介绍和一些尝试性的研究，从内部控制的评价目标、评价指标和评价方法等不同

---

[1]　Dr. David Brewer，William List and Hon FBCS（2004）建立了用时间单位来测量内部控制有效性的模型，同时，他们认为内部控制有效性可以用内部控制的成本效益来度量。

方面进行了探索。主要包括对内部控制内涵及评价方法的探讨（陈汉文等，2008）；内部控制评价定量分析（王立勇，2004；骆良斌等，2008；韩传模等，2009）；结合企业实践建立内部控制评价系统（张谏忠等，2005；戴彦，2006；于增彪等，2007）。还有学者从外部监管和外部审计的角度探讨了审计准则和财务报告内部控制评价的研究（陈关亭等，2002；朱荣恩等，2003；李小燕等，2008；张龙平等，2009）。根据这些研究可以发现，这一阶段企业内部控制评价主要侧重于外部监管和外部审计的角度，而不是基于管理的视角；以查错防弊确保信息真实、资产安全为目的，以财务报告为导向，而不是以管理需要为目的，以战略目标为导向。这就说明了大多数企业内部控制制度实施过程达到预期效果的原因（德勤，2009）。这与学术界长期局限于从会计审计的视角而不是管理控制的视角出发来综合研究内部控制有关（杨雄胜，2005）。并且这些研究都集中在个案以及某一切入点（杨有红等，2007），并没有从整体和系统的视角入手，构建与企业管理活动相适应的内部控制评价系统（池国华，2010）。Mei Feng et al.（2009）对这一问题进行了深入研究，探索内部控制和管理导向正确性之间的关系。研究发现，当制定管理导向时，错误的内部管理报告往往导致无效的内部控制，与此相对应的是，在内部控制无效的企业，也往往难以制定出正确的管理导向。而且与销售额和成本劣势相比，内部控制无效对业绩预测的影响要高出三倍之多，尤其是对盈利预测。因此该研究认为，内部控制是否有效对于内部管理报告具有显著的经济效果，因为内部控制质量影响了内部管理报告的准确性，而管理层的决策往往是根据内部管理报告做出的。

（二）内部控制有效性的评价方法

对内部控制有效性进行评价，是内部控制研究的一个重要问题，学者主要从定性评价和定量评价两个方面来进行研究。

（1）定性评价。《萨班斯法案》颁布前，学者往往以是否发生审计师变更作为衡量是否产生内部控制问题的标准（Krishnan，2005）；在《萨班斯法案》颁布后，学者以公司是否存在内部控制实质性缺陷作为衡量内部控制有效性的替代变量（Hoitash，2009）。尽管对于企业内部控制评价，内部控制框架已经制定了明确的标准，但具体进行评价时，不同学者仍从不同的起点和不同的切入点进行相关研究。

Bierstaker and Thibodeau（2006）根据审计人员的评价工作，通过试验发现，识别内部控制缺陷时，调查表法是非常有效实用的评价方法。Gupta（2008）研究了美国上市公司对自身内部控制有效性进行评价的过程，发现管理层普遍认为 COSO 委员会的评价标准并不好，而且在具体进行内部控制评价时，管理层并没有选择 COSO 委员会的框架作为评价标准，因为 COSO 委员会的框架以原则为导向，缺乏有效的操作指南。Jokipii（2008）将内部控制有效性定义为管理层对内部控制目标实现水平的了解，通过网上问卷的方式研究了芬兰公司的内部控制的有效性。还有学者以企业发布的报告中披露的内部控制缺陷及其严重程度作为内部控制有效性的替代变量进行了相关的实证研究（Doyle et al.，2007；Ashbaugh-Skaife and Collins，2008；Hammersley et al.，2008；Jeffrey et al.，2007）。

（2）定量评价。David and William（2004）采用检测事件、事件损失确认的时间和事后时限等变量来测量内部控制系统有效性，并根据内部控制实施的成本效益来衡量内部控制有效性水平。

Theodore J. Mock（2009）提出了一种基于风险的评价内部控制有效性的方法，系统考察了影响财务报告内部控制有效性的因素以及各个因素间的关系，构建了一种结构化的方法，采取四大审计公司的做法，开发了一个通用的财务报告内部控制评估模式，并进一步细化了财务报告内部控制有效性的代表指标和由美国公众公司会计监督委员会（Public Company Accounting Oversight Board，PCAOB）[1]定义的风险，并与PCAOB发布的第五号审计准则规定的审计标准水平进行对比，结果发现，风险评估模型在对于个人参与的风险评估和考核不同准则的经济后果方面具有积极意义。朱荣恩（2001）认为，内部控制评价应结合业务循环的各个关键控制点来建立内部控制制度，采用业务循环法，并且应注重内部控制与企业现有制度和国家相关法律的协调，注重对企业管理层和相关责任人进行内部控制培训。

陈关亭和张少华（2003）发现，企业内部控制是否完善以及具体执行情况，会显著影响公司的经营业绩、财务报告质量以及法律法规的遵循情况，并且是投资者和监管机构的关注焦点。他们采用问卷调查的方式对内部控制披露状况和鉴证问题进行了研究，认为我国应采取内部控制报告的强制披露制度，并且披露内部控制鉴证报告。王立勇（2004）以可靠性理论为基础，采用数理统计的方法构建了内部控制评价模型，通过该数学分析模型对程序和系统的可靠性进行评估，从而判断内部控制的效果；通过敏感性分析可以得到结构重要性和可靠度重要性，据此判断程序可靠性对系统可靠性的影响，为内部控制系统的改进提供依据。骆良斌和王河流（2008）运用层次分析法，建立了内部控制模糊

---

[1] 美国公众公司会计监督委员会是安然丑闻后《萨班斯法案》催化下的产物。PCAOB是一家私营的非营利机构，根据2002年的《萨班斯—奥克斯利法案》创立，目的是监督公众公司的审计师编制信息量大、公允和独立的审计报告，以保护投资者利益并增进公众利益。该委员会的主要资金来源于公众公司。处理和复核会计师事务所的注册申请的成本由此类事务所缴纳的申请费用来支付。美国证券交易委员会对PCAOB进行监管，包括委员会所制定的规则的认定、标准和预算。《萨班斯法案》为PCAOB提供活动资金，主要是对上市公司按照公司市场资本份额收取的年费。

评价方法，实现了内部控制评价从定性评价到定量评价的模糊映射，为内部控制有效性评价提供了一种可行的方法。

王海林（2009）将管理工程学的能力成熟度模型引入内部控制评价，通过对企业内部控制能力进行研究，建立了内部控制能力成熟度模型（Internal Control Capability Maturity Model，IC-CMM）。池国华（2010）从管理的角度，构建了一套具有普遍意义且满足管理需要的内部控制有效性评价系统模式，为我国企业内部控制的有效实施和持续改进提供了切实可行的操作指南。杨洁（2011）在进行内部控制评价时引入 PDCA 循环理论，与内控体系的建设过程结合起来，验证了采用 PDCA 循环理论对内部控制有效性进行综合评价的可行性，构建了一个基于 PDCA 循环的内部控制评价指标体系。

（3）内部控制的可靠性与有效性。Bodnar（1975）通过建立模型来衡量内部控制的可靠性。结果发现，随着新内控措施的引进，内部控制的可靠性在下降，这一结论与人们的常识相违背。Rajendar P. Strivastava（1985）建立了一个包含系列控制措施的内控系统的模型，解释了 Bodnar（1975）的悖论，该模型表明，内部控制输出信息的可靠性可能会随着新的控制措施的增加而增加或减少。如果一种控制措施能够以较高的概率拒绝错误的输入信息，并且该措施将正确的信息误读为错误信息的概率较低，那么这种新的控制措施引入内部控制系统会降低内部控制系统的可靠性。

Seibgiae Yu and John Neter（1982）建立了一个随机模型，以便从数量上客观评价内部控制系统的可靠性，这有助于审计师在数量上评价内部控制的弱点。此外，审计师还可以使用该模型进行审计抽样。

Rivastava（1983），Srinidhi and Vasarhelyi（1986）使用工

程机械学的理论建立了相关模型，将会计循环和相关控制纳入模型；Barfield（1975）使用马尔科夫过程建立了内部控制过程的时间序列模型。这些模型全面考虑了误差的条件概率，详细地分析了各种内部控制之间的相关性。但是，这些模型的应用并不广泛，主要是因为在实践中使用这些模型的成本会比较高，此外，这些模型的假设也难以被实务界接受。

James M. Peters and Jefferson T. Davis（2004）使用 Access 数据库以及 Excel 表格建立了规范决策工具，来帮助审计师选择内部控制中的关键点。

Lauraf Spira（2003）指出，《特恩布尔报告》（Turnbull Report）的公布从根本上重新定义了内部控制的性质，尤其是将内部控制和风险管理相结合。文章使用社会学关于风险的观点构建了关于内部控制和风险的讨论，深入研究了这种变化。研究者通过回顾内部审计的最新发展证明，提供公司治理报告的要求为利益相关者评价公司的风险和管理提供了机会。通常认为增加新的内部控制程序会使内部控制的可靠性提高，一些学者试图用科学模型去证明这一结论。

在此后的研究中，Shoan（2005）通过实证研究表明，独立的审计委员会和审计委员会成员拥有会计专业背景能够减少内部控制问题的出现；高质量的审计委员会能更好地监督内部控制，保证内部控制的有效性。Russel（2007）认为，应发挥内部审计师的灵活性，关注与人为控制（即软控制）相关的风险的披露。

Gupta et al.（2006）对 1992 年 COSO 框架作为评价标准的状况进行了调查研究，发现 1992 年 COSO 框架没有提供公司管理层评估和报告内部控制急需的实施指南，因此，只有 24％的被调查者认为他们有能力应用 1992 年 COSO 框架评估公司的财务报告内部控制。研究认为，发布专门的实施指南或内部控制评估框架将对 1992 年 COSO 框架这一原则导向的框架起到补充作用，并能消除对《萨班斯法案》404 条款的批评。McNally（2007）认为，使用内部控制自我评价方法（control self assessment，CSA）可以帮助经营部门经理从仅仅评估内部控制设计的有效性转为测试和验证内部控制在整个年度内执行的有效性。因为有效地执行 CSA 可以推动形成更为坚实的内部控制环境，为公司内外的所有关键利益相关者提供公司内部控制有效运行的保证。

Schwartz（2006）基于成本效益原则，按内部控制五要素为小型公司设计了一个整合的、基于业务流程的评价模型，帮助其识别风险、加强控制。Danny（2007）则认为，采用 CSA 要识别高风险领域和相关的实体层面的控制，应该在控制优先（control prioritization）的基础上评估风险，包括三个步骤：对关键和非关键控制进行再评价；评估单个的关键控制风险；根据 CSA 对测试范围进行再评估。

McGladrey and Pullen 会计师事务所（2002）和毕马威会计师事务所（2003）发布的关于如何执行财务报告内部控制评价的报告，对财务报告内部控制有效性评价提出了具体的操作建议，强调"人"的重要性，界定了管理层的责任，明确了审计师对财务报告内部控制有效性审核程序的构成要素，界定了内部控制有效性评价与财务报告审计的关系。

在国内，谢盛纹（2007）认为，《萨班斯法案》404（a）条款以及 SEC 的相关执行规则要求上市公司管理层评估财务报告内部控制的有效性，也要求公司的外部独立审计师对管理层的评估发表鉴证意见。

（三）内部控制报告审计研究

审计理论认为，了解内部控制、进行内部控制测试可以帮助审计师确定实质性测试的范围。然而，审计师是否真正将这些理论用于实践呢？

Wallaee（1982）的调查发现，大多数被调查者反对注册会计师审计内部控制报告，认为强制要求审计内部控制报告将增加审计成本，扩大责任风险，信息使用者可能不恰当地认为企业的控制长期有效，或者不恰当地相信企业成功预防了舞弊。美国财务经理协会和管理会计师协会也曾反对注册会计师对内部控制报告进行验证，认为这将提高审计的成本，却无助于财务报告可靠性的提高，而且建立内部控制制度是管理层的责任，而不是注册会计师的责任。

Morris and Anders（1976）研究了14家审计客户的工作底稿，并试图将内部控制的变化与审计师实质性测试的变化联系在一起。他们没有发现审计中内控评价方面的变化与审计师实质性测试相关。然而，他们既没有考虑事务所技术的影响，也没有考虑降低风险与证明自己审计意见合理之间的区别。Willingham and Wright（1985）也发现审计师对内部控制的变化不敏感。

Bedingfield（1975）和 Asresh（1980）描述了符合性测试与统计方法使用的频率。Niles（1984）发现，同样的控制制度下，审计师在符合测试误差率不同的情况下没能发现内部控制系统可靠性的差异。审计师没有意识到内部控制的重要性。

与前几篇文献不同，另外一些学者发现，审计师对内部控制的判断会影响实质性测试的范围。Mock and Turner（1979）使用内部控制质量不断变化的案例进行了实验。一组执业审计师接到的是内部控制环境由弱变强的案例，另一组执业审计师接到的是内部控制环境由弱变为中等的案例。结果发现内部控制环境由弱变强的案例组实质性测试的规模显著地小于对照组。Ferris and Tennant（1984）检验了内部控制的质量对审计师评价的影响。他们发现，审计师对符合性测试误差和误差可能带来的金额影响以及实质性测试的使用是敏感的。

为了帮助审计师将内部控制与符合性测试、实质性测试更好地联系起来，Kinney（1975）使用决策理论建立了符合性测试计划和实质性测试计划的关系模型，得到了最佳的符合性测试样本规模。他的分析也可用于计算可容忍的符合性测试方差的上限。Grimlund（1982）使用贝叶斯模型建立了符合性测试误差与账户余额误差之间的关系模型。他假设事后的符合性测试误差的主观概率分布能转化成余额误差的发生率和发生额的事前概率。

三、关于内部控制有效性影响因素的相关研究

根据系统论的观点，内部控制是一个系统整体，其有效性必然受到内部控制系统内外部多方面因素的综合作用。从过程论的角度来说，企业内部控制从制度设计的科学性到制度运行的效率都会直接影响到能否为相关目标的实现提供合理保证。从结构论的角度来分析，企业内部控制框架由多个要素组成，各个组成要素和控制程序之间互相影响，并且各个要素和控制程序的有效性直接影响了内部控制系统整体的有效性。

（1）公司规模。学术界关于公司规模对内部控制的影响尚未形成统一的结论。有学者认为，公司规模可能对内部控制的强弱产生影响（Kinney and McDaniel，1989；DeFond and Jiambalvo，1991），但有些学者得出了相反的结论（Krishnan，2005）；根据委托代理理论，公司股东（委托方）与管理者（代理方）之间存在委托代理关系，当管理者个人利益和企业目标相违背时，就产生了"道德风险"和"逆向选择"，管理者会追求个人利益最大化，忽视公司利益，因此就产生了代理成本。公司规模越大，代理成本也就越高。在"理想人"假设下，股东会采用降低管理者报酬的方式对代理成本进行补偿，而外部投资者也会相应降低对

股票的估值，最终由管理层来承担代理成本。因此，对于管理者来说，就有充分的动机来降低代理成本。通过有效的内部控制提供高质量的会计信息就是很好的途径。与小公司相比，资产规模较大的公司更有动机降低代理成本。Jeffrey Doyle et al. （2007）以披露内部控制实质性缺陷的 779 家公司为样本的研究发现，存在公司层面内部控制缺陷的公司一般都是资金规模较小、成立时间较短、经济实力较弱的公司，并且公司规模越大，披露内部控制缺陷的可能性越小。一般来讲，规模较大的公司一般有严格的财务制度，对财务报告产生过程有详细的规范，并且有充足的人力资源来保障规范的实施，在内部控制制度的建立和实施阶段有更多的资源投入，这些都会使规模较大的公司产生较大的内部控制力度。方红星等（2009）研究发现，是否披露内部控制鉴证报告与公司规模显著正相关。张颖和郑洪涛（2010）发现，企业资产规模显著影响内部控制有效性。

（2）公司治理。公司治理是企业内部控制实施的控制环境。高效完善的公司治理有助于有效的内部控制的建立。公司治理与内部控制之间的关系一直是学术界关注的问题。Dolye et al. （2007）研究了公司治理与内部控制缺陷披露的关系，发现两者负相关。高雷和宋顺林（2007）研究了董事会的效率与公司透明度的关系，发现两者正相关，而公司透明度较高是内部控制有效的表现。程晓陵和王怀明（2008）采用实证的方法检验了公司治理结构和内部控制有效性之间的关系，发现年终股东大会出席率、是否设立审计委员会、管理层的诚信和道德价值观念与内部控制有效性显著正相关，管理者的风险偏好与内部控制有效性呈显著的 U 形关系，董事会、监事会的会议频率和第一大股东的控制力对内部控制有效性没有显著影响。Goh（2009）发现，董事会越独立，对内部控制缺陷的补救越积极。

　　国内的研究形成了四种主要观点：混合论、割裂论、环境论和嵌合论，最近几年的文献则集中在嵌合论方面。混合论，即将两种混合在一起，不加区别地相互串通；割裂论，即将两者完全分割开，彼此将对方视作无关联因素；环境论，即将公司治理作为内部控制的环境看待，比如吴水澎和陈汉文（2000）、刘明辉和张宜霞（2002）等认为，公司治理是内部控制的环境，环境对企业的影响可以看作企业的外部控制，同时提出可以通过公司治理的外部控制机制（如产品市场、资本市场和经理人市场等）来完善内部控制机制。

　　对于嵌合论的研究，比如阎达五和杨有红（2001）将内部控制框架与公司治理机制结合起来，认为内部控制外延的拓宽正是公司治理机制变化所致。他们还在介绍 COSO 报告研究成果的基础上，结合我国的实际对内部控制进行剖析，并对构建我国企业内部控制框架提出了建议。刘晓红（2006）认为，公司治理与内部控制是一种相互包含关系，谢志华（2007）认为，内部控制和公司治理与风险管理应该是一个整合框架。

　　程新生（2004）以委托代理理论、组织学理论解释公司治理、内部控制与组织结构之间的关系，认为公司治理是源头（高层组织结构源于公司治理），内部控制是中间机制，执行层组织结构则是末端。该研究认为，内部控制与公司治理不能割裂，需将内部控制纳入公司治理路径。两权合一时，股东和股东会直接实施内部控制；两权分离时，利益相关者通过董事会或监事会间接控制。由股东会或董事会设计监控制度，考核、评价经理层绩效。只有公司治理机制有效，才能保证不同层次控制目标的一致性；只有从源头实施内部控制，才能维护各利益相关者权益。有效的内部控制应当能够维护所有利益相关者的合法权益，而不是维护某一类或少数利益相关者的权益。如果内部控制不能与公司治理兼容，将导致治理成本骤增；如果没有健全的内部控制，公司治理留下的空间将导致机会主义行为，由此可能演变为制约公司发展的顽疾。

杨有红和胡燕（2004）认为，公司治理与内部控制都产生于委托代理问题，但两者委托代理的层次不同。两者思想上的同源性与产生背景的差异性是对接的基础，公司治理规范的创新是实施对接的途径。公司治理规范的创新主要包括：公司治理规范必须对内部控制机制的构建提出基本要求；从公司治理机制的构建角度为董事会在内控中的核心地位提供保证；将监事会做实，为内部控制制度的实施保驾护航；建立反向制衡机制。

李连华（2005）认为，内部控制与公司治理结构具有紧密的内在联系。但是该研究将二者的关系概括为主体与环境的关系，即所谓的制度环境论，既不符合实际，也降低了它们彼此之间的依赖性和各自所具有的重要意义，从而导致在内部控制建设中忽视公司治理结构的影响或者在构建公司治理结构时忽视内部控制的重要性。文章在对公司治理结构和内部控制的各种理论元素进行对比分析的基础上，将两者的关系描述为嵌合关系。认为嵌合论更能准确地描述公司治理结构和内部控制的相互关系。

与其他三种观点相比，嵌合论可以突出三点思想：第一，内部控制与公司结构不是内部与外部、主体与环境的关系，而是"你中有我、我中有你"的相互包含关系。离开公司治理结构，内部控制就没有完整性，当然也就不可能取得内部控制方面的成功。第二，公司治理结构和内部控制具有内在的结构上的对应与一致性。在设计内部控制制度时，需要注意与公司治理结构的模式与特征相适应。第三，与内部控制对公司治理结构的依赖性一样，公司治理结构同样也离不开内部控制制度，如果没有完善的内部控制做支撑，公司治理结构所追求的公平与效率的目标也必然会落空。

方红星等（2009）发现，披露内部控制鉴证报告与独立董事人数占董事会人数的比重显著正相关。张先治和戴文涛（2010）通过问卷调查发现，监事会规模并没有对内部控制产生正面影响，国有控股和股权集中度则对企业内部控制产生了负面影响。张颖和郑洪涛（2010）发现，管理集权化程度、企业文化、管理层诚信和道德价值观是影响内部控制有效性的重要因素。张旺峰和张兆国（2011）发现，公司治理机制可以显著提高内部控制的整体质量。

（3）业务复杂程度。内部控制是否有效与公司经营环境有紧密联系，如涉及外币业务的公司，因为自身业务的复杂性和存在外币报表折算等问题，实施内部控制具有较大的风险。Ashbaugh-skaife et al.（2005）发现，与一般公司相比，披露内部控制缺陷的公司往往业务更加繁杂，在资金管理和存货储存等方面的操作更加复杂。Jeffrey Doyle et al.（2007）通过对披露内部控制实质性缺陷的779家公司的研究发现，内部控制缺陷不太严重的公司一般都是财务比较稳定，但业务较为繁杂的公司，同时交易复杂和实行多元化经营的公司往往对内部控制有较高的需求。

（4）经营业绩。DeFond and Jiambalvo（1991）发现，公司是否出现财务报告差错与公司的经营业绩是负相关关系，Krishnan（2005）通过对发生审计师变更的公司进行研究发现，报告内部控制缺陷的公司具有明显的亏损现象。Dolye et al.（2007）发现，经营亏损的公司与内部控制缺陷披露情况存在正相关关系，披露内部控制缺陷公司的经营利润显著小于0。Ashbaugh-Skaife et al.（2007）研究了公司披露经营亏损的频率，发现公司发生经营亏损的频率与披露的内部控制缺陷显著正相关。方红星等（2009）发现，是否披露内部控制鉴证报告与净资产收益率显著正相关。林斌和饶静（2009）发现，公司财务状况越差，则公司越不愿意披露内部控制鉴证报告。张颖和郑洪涛（2010）发现，公司财务状况显著影响内部控制有效性。

（5）成长性。伴随公司经营业务的快速增长，原有的内部控制往往不再适用，公司需要根据新业务建立处理流程。公司成长性越好，发展到新阶段后，就越需要新的人事、业务流程和技术等与内部控制相匹配（Kinney and McDaniel，1989；Stice，1991）。Dolye et al.（2007）和 Ashbaugh-Skaife et al.（2007）发现，披露内部控制缺陷的公司一般具有较好的成长性。公司成长性越好，内部控制越可能存在重大缺陷。林斌和饶静（2009）从信号传递理论入手探讨了我国上市公司披露内部控制鉴证报告的动因，发现内控资源充足，成长性好和设置了内审部门的公司，更有动机披露内部控制鉴证报告。张颖和郑洪涛（2010）发现，公司所处的发展阶段显著影响公司内部控制有效性。

（6）存货比重。存货对于企业来说是一项重要的非货币流动资产。特别是生产企业，存货在企业资产中所占的比重较大，并且存货的特殊性会造成存货具有会计计量和记录的风险，存货失窃可能增加金额错报的风险，存货老化可能影响存货计量的及时性。学者也从实证中得到了同样的结论，如 Ashbaugh-Skaife et al.（2007）发现，存货在总资产中的比例与内部控制缺陷存在显著正相关关系，即存货的比重越大，公司的内部控制有效性越差。

（7）外部审计。外部审计质量的高低也显著影响到内部控制质量，一般来说，审计失败所造成的名誉损失对于大事务所更大些，大型事务所一般具有较严格的风险管控和系统测试，因此一般大型事务所更可能提供高质量的财务报告审计（DeAngelo，1981；Shu，2000）。Dye（1993）认为，由于大型事务所具有较高的诉讼风险，因此更倾向于披露内部控制缺陷，以此来避免高额的诉讼损失。Clarkson et al.（2003）发现，基于对声誉的维护，六大事务所执业态度更加谨慎以降低诉讼风险。Krishnan（2005）通过对美国发生审计师变更的样本研究发现，独立的和具有财务专长的审计委员会可以减少内部控制问题的发生。Ashbaugh-Skaife et al.（2007）发现，在《萨班斯法案》404条款颁布之前，外部审计质量高低与内部控制缺陷的披露情况显著相关，并且会计师事务所的规模与内部控制重大缺陷的披露也显著正相关。Bedard（2009）发现，审计师的参与能够促使公司披露内部控制问题，同时规模较大的审计公司和内部控制审核经验丰富的审计公司的客户，更愿意披露内部控制问题。Hoitash（2009）研究了审计委员会和董事会特征对内部控制有效性的影响，发现审计委员会成员中具有会计和财务监管经验的成员越多，财务报告内部控制存在缺陷越少。方红星等（2009）发现，在海外交叉上市、聘请"四大"进行审计的上市公司更愿意主动披露内部控制信息，是否自愿披露内部控制鉴证报告与外部审计意见类型显著负相关。

四、关于内部控制有效性经济后果的研究综述

关于内部控制有效性对企业的经营管理以及资本市场的可能影响，学者已经进行了相关的研究，并取得了一些有益的结论。

（1）内部控制有效性对资本市场的影响。已有学者研究发现，投资者能够识别出由于内部控制所产生的投资风险，并做出相应的投资决策，内部控制缺陷的披露能引起负面的市场反应（Whisenant et al.，2003；Palmrose et al.，2004；Hamersley et al.，2008）。Gullapalli（2004）发现，在刚刚实施《萨班斯法案》404条款的第一年，披露内部控制存在重大缺陷的公司，股

价一般下跌 5%～10%，究其原因，是资本市场将内部控制存在的重大缺陷（尤其是公司层面的缺陷）解读为企业的公司治理存在重大缺陷。Engel et al.（2007）、Zhang（2007）认为，执行《萨班斯法案》相关条款会给企业增加负担，造成市场的消极反应。冯建和蔡丛光（2008）采用事件研究方法研究了内部控制缺陷披露的市场反应，发现内部控制缺陷信息的披露会在资本市场产生消极影响，投资者会因为披露的内部控制缺陷而对公司的财务报告产生怀疑，从而降低对该公司的估值，进而导致股价下跌。但 Beneish et al.（2008）却发现，实施《萨班斯法案》404 条款后，披露企业内部的控制缺陷对股票价格和分析师预测没有显著影响。Hammersley et al.（2008）发现，市场股价对披露重大缺陷的公司的负面反应比对披露一般缺陷公司的反应更强烈。投资者根据内部控制缺陷可能导致的后果的严重程度和可能性评估风险，重大缺陷的后果更严重，更容易导致企业偏离控制目标（Weber，1988；Weber and Bottom，1989）。Lopez T. J，Vander-veide S. D，Wu Y. J. et al.（2006）发现，审计师对内部控制有效性出具的鉴证报告为投资者提高了有价值的信息。Brochet（2010）认为，内部控制减少了内幕交易。邱冬阳等（2010）以 2006—2008 年间深圳中小板市场 IPO 公司为样本，发现描述性的内控信息是否完整披露没有明显的正向市场反应，而对于明确的内部控制是否整改的信息披露，市场给出了正向的反应。黄寿昌等（2010）根据信息不对称理论研究了自愿披露内部控制报告的市场效应，发现自愿披露内部控制报告的上市公司股票交易更活跃，股票价格的波动也更小，证明内部控制报告的披露降低了市场主体之间的信息不对称。

（2）内部控制有效性对公司价值的影响。Wills（2000）发现，内部控制信息的披露可以增加企业价值。赵保卿（2005）根据价值链管理理论，探讨了内部控制与公司价值的关系，发现内部控制反映了价值链管理理论的基本内涵，企业价值最大化同样是内部控制的目标，有效的内部控制有助于实现企业价值链的整体增值。李斌（2005）采用现金流量模型和资本资产定价模型系统研究了内部控制、未来现金流量和折现率之间的关系，发现内部控制通过影响未来现金流量和折现率，直接或间接地影响企业价值。林钟高（2007）构建了一个内部控制评价指数来衡量内部控制有效性，检验了内部控制有效性和公司价值的关系，发现内部控制的建立和完善能够显著促进企业价值的提升。查剑秋等（2009）从战略管理的角度研究了内部控制有效性对企业价值的影响，发现良好的战略内部控制能够保证企业价值的实现。

（3）内部控制有效性对信息披露的影响。Beneish et al.（2008）发现，根据302条款的要求披露的内部控制缺陷具有信息含量，而按照404条款披露的内部控制缺陷不具有信息含量。Gao et al.（2009）认为《萨班斯法案》的相关条款降低了小型上市公司的信息披露质量，促使这些小公司有动机披露更多的坏消息，导致盈余质量更差。

（4）内部控制有效性对资本成本的影响。Ogneva（2006）分别以根据302条款和404条款报告内部控制缺陷的公司为样本，探讨了内部控制缺陷对公司权益资本成本的影响，发现公司披露内部控制缺陷显著影响了公司的权益资本成本，披露内部控制缺陷的公司的权益资本成本明显高于未披露内部控制缺陷的公司。但在控制了公司规模、资本结构和收益水平等因素之后，两类公司的权益资本成本不存在显著差异。Maria et al.（2006）发现，披露实质性内部控制缺陷的公司具有较高的股权成本。Moody（2004）认为，如果公司披露了内部控制重大缺陷，则证明公司内部控制无效，将会考虑降低评级，评级降低可能造成企业的债务融资成本增加，甚至无法顺利通过发行债券融资，而现有债务也可能因为信用评级下降而面临违约风险，从而导致债务提前到期，对企业财务状况造成恶劣影响。Beneish et al.（2008）发现，《萨班斯法案》404 条款中提到的内部控制缺陷对资本成本没有影响。吴益兵（2009）研究了中国上市公司内部控制对权益资本成本的影响，发现自愿披露的未经审计的内部控制信息并不能显著降低资本成本，只有自愿经过注册会计师审计的内部控制信息的披露才能降低权益资本成本。

（5）内部控制有效性对盈余管理的影响。Doyle（2007）发现，按照 404 条款披露内部控制缺陷的公司不存在明显的盈余管理活动。在将内部控制缺陷划分为公司层面缺陷和特殊账户缺陷后发现，公司层面的内部控制缺陷增加了审计难度，导致按照 404 条款的公司层面缺陷与较低的应计质量显著相关，而特定账户存在的内部控制缺陷与盈余质量并没有显著的相关性。最后该研究得出结论：有效的内部控制能够合理保证盈余信息质量，遏制管理层的盈余管理行为。

方红星等（2010）以我国非金融类上市公司为样本，采用两阶段处理效应模型研究内部控制鉴证对公司盈余管理活动的影响。该研究发现，内部控制鉴证对公司会计政策选择盈余管理和真实盈余管理具有显著的负相关关系，内部控制的健全有效能够抑制管理层的盈余管理活动。

陈汉文和董望（2011）以内部控制要素为评价对象建立了内部控制评价指数，研究了内部控制有效性和盈余质量之间的关系，文章从盈余信息的生产环节和投资者反应环节对这一问题进行研究，发现内部控制有效性与应计质量和盈余反应系数都显著正相关。

（6）内部控制对企业风险的影响。Jacob et al.（2010）针对非专业投资者对披露内部控制重大缺陷公司的风险认知水平更高的假设进行了实证检验。Bargeron et al.(2010)认为，有效的内部控制制度实施有助于降低企业风险；李万福和林斌（2012）根据内部控制要素将内部控制缺陷进行分类，归纳了 15 种内部控制重大缺陷。该研究发现，当公司存在重大缺陷时，更可能陷入财务困境。张继勋等（2011）发现，上市公司披露的内部控制信息越详细，越能够显著降低投资者感知的重大错报风险，进而影响投资者的投资决策。

（7）内部控制有效性对外部审计的影响。Goh（2007）发现，披露内部控制信息有助于公司治理结构的完善。内部控制存在缺陷的信息披露之后，公司审计委员会的独立性、具有财务专长的人数和董事会独立性都明显提高；审计委员会和董事会的有效性得到了综合改善。

Ptterson and Smith（2007）认为，《萨班斯法案》并不意味着高水平的控制测试，并且相关条款的实施增加了审计的风险和成本。Yan（2007）和 Li（2007）研究了审计师变更和内部控制缺陷之间的关系，发现存在重大内部控制缺陷的公司，更容易发生审计师主动辞职的现象。杨德明和胡婷（2010）检验了内部控制对审计师意见的影响，发现内部控制质量越高，审计师对盈余管理发布非标准审计意见的概率下降越显著，说明内部控制与独立外部审计存在一定的替代关系，内部控制质量的提高往往伴随着审计监督职能的弱化。张旺峰和张兆国（2011）首先以内部控制目标为导向构建了内部控制有效性评价指标体系，然后进一步讨论了内部控制有效性对于审计定价的影响，发现内部控制有效性与审计收费存在不显著的负相关关系。

（8）内部控制有效性对公司投资行为的影响。Deumes and Knechel（2008）研究了内部控制对投资者决策的影响，发现有效的内部控制能够增强投资者对公司信息披露的依赖程度，降低风险估计，从而降低资本成本，减少由于融资成本较高而放弃对企业有利的投资项目。David（2011）发现，《萨班斯法案》颁布实施之后，企业内部资本配置效率得到显著提高，并且创造了更大的价值，《萨班斯法案》对于提高资本配置效率具有重要意义。李万福等（2011）检验了内部控制有效性与投资效率的关系，发现当公司投资过度时，内部控制质量较差会加剧过度投资行为；当公司投资不足时，内部控制质量较差同样会造成投资更加不足；公司层面和会计层面的重大内部控制缺陷对投资的影响没有显著差异；内部控制缺陷越多的公司，对公司非效率投资的影响越严重。

（9）内部控制有效性的其他经济后果。还有学者对内部控制有效性的其他经济后果进行了验证，如孙芳城等（2011）发现，内部控制越好，被最终裁定的反倾销税率越低。池国华等（2012）发现，内部控制缺陷的严重程度对个人投资者的风险认知具有显著影响，但投资者对不披露任何缺陷与披露重要缺陷没有作出差异化的风险认知反应。

五、国内内部控制的其他研究主题

（1）借鉴国外内部控制理论与实践研究。张龙平、陈作习、宋浩（2009）对美国内部控制审计制度变迁进行了简单回顾，提出针对不同的国家环境，在我国推行内部控制审计需要关注的七个方面的问题，以利于内部控制审计准则的顺利实施。樊子君和金花研（2009）介绍了我国邻国韩国的内部控制——《内部会计管理制度规范》的主要内容，将其与美国的内部控制规范进行了比较，发现了其中的差距，以此警示在我国推行内部控制规范时应避其短。财政部会计司考察团（2007）在对英国和法国内部控制进行实地考察以后，总结了英法两国内部控制建设进程，并将两国的内部控制规范与美国横向对比，从中找到了对我国内部控制建设的借鉴意义。

（2）内部控制理论研究。杨雄胜（2005）认为，我国内部控制研究的理论基础薄弱，表现在对经济学理论基础关注不够，导致研究总是无法跳出狭隘的视角，以更广的视野看待内部控制。要找到研究的突破点，应将以权力制衡为基础的内部控制转向基于信息观的内部控制。潘谈和郑仙萍（2008）认为，要构建内部控制的理论基础，必须首先解决理论假设的问题，随即提出了四个基本假设，即控制实体假设、可控性假设、复杂人性假设和不串通假设。缪艳娟（2010）利用新制度经济学原理构建了当前内部控制规范的实施机制，同时认为可以用新制度经济学来解释内部控制的发展演变。林钟高和郑军（2007）与缪艳娟的观点一致，认为如果从新制度经济学的角度来看内部控制，内部控制具有契约属性，它其实是一个平衡各方利益关系的契约装置。杨周南和吴鑫（2007）主张利用工程学的技巧，解决内部控制实施难、实施成本高的问题。钟玮和唐海秀（2010）则主张利用系统理论和动力学方法，扫清内部控制执行过程中的障碍。

（3）内部控制和其他管理方法整合研究。程新生（2004）仔细分析了内部控制与公司治理和组织结构之间的区别与联系，三者之间存在互动关系，相互影响。决定和推动内部控制发展的是公司治理和组织结构的效率，因此应建立治理型内部控制。许新霞和王学军（2007）进一步论证，由于治理结构的改变，不同股东的治理策略大大拓展了内部控制的边界。白华（2012）认为，内部控制、风险管理、公司治理不存在谁包含谁的问题，它们具有一致性，可以统一于一套公司管理制度中。丁友刚和胡兴国（2007）认为，内部控制一开始是作为内部风险管控的机制，因此可以将内部控制融入风险管理框架。王稳和王东（2010）也支持了许新霞和丁友刚等的观点。查剑秋、张秋生、庄健（2009）从公司战略管理的角度，用实证方法证实：以战略为导向的战略内部控制可以显著提升企业价值。池国华（2009）认为，应利用系统思考的方式，以公司战略为导向，将内部控制和公司其他管理制度进行整合，推动内部控制的实施。

（4）内部控制概念框架的研究。杨清香（2010）运用马克思主义认识论，认为内部控制概念框架是包括内部控制的本质、对象、主体、目标、方法、规范和环境等要素的整体。王海兵和伍中信（2011）认为，在以往的内部控制框架体系中过于忽视人的作用，提出建立以利益相关者为导向、以企业社会责任管控为中心的人本内部控制框架体系。郑石桥、徐国强等（2009）将内部控制结构划分成四种类型：控制环境主导型、控制活动主导型、环境及活动并重型、环境及活动双弱型。出现这四种类型的原因是权变因素，因此应重视对权变因素的分析，以优化内部控制。王竹泉和隋敏（2010）分别从人性假设、企业理论、历史和传统角度，提出了新二元论的观点，即内部控制要素包括控制结构和企业文化两大类要素。孙涛（2012）构建了一个生态内部控制系统，该系统将内部控制作为环境中的一个子系统，横向系统包括八个基本阶段，纵向系统包括六个层次，以克服传统内部控制框架的局限性。

（5）内部控制执行情况研究。内部控制执行情况研究集中在内部控制信息披露和内部控制有效性两个角度。杨清香俞麟等（2012）以沪市上市公司为样本，试图检验内部控制信息披露的市场反应，结果发现，从总体上看，内部控制信息披露有明显的市场反应，但是针对不同角度，发生反应不一样，如披露内部控制有效、强制性披露结合自愿性披露和详细披露，能引起良好的市场反应。杨玉凤、王火欣等（2010）以内部控制基本规范为依据，设计了评价内部控制信息披露质量的指标体系，构建了内部控制信息披露指数，并用该指数和代理成本关系进行了研究，发现内部控制信息披露质量对隐形代理成本和显性隐性综合代理成本有显著的抑制效果。崔志娟（2011）认为，上市公司管理层具有内部控制信息披露的动机选择倾向，从而使内部控制信息披露质量和市场要求发生偏移。池国华、张传财等（2012）利用实验研究的方式，论证了内部控制信息披露质量对个人投资者认知风险的影响程度。邱冬阳和陈林（2010）以中小板公司 IPO 期间为时间窗，发现市场对内部控制信息披露质量有显著的正向反应。张颖和郑洪涛（2010）采用问卷调查的形式，找到了影响内部控制有效性的主要因素，即企业的发展阶段、资产规模、财务状况、管理的集权化程度、企业文化以及管理层的诚信和道德价值观。杨洁（2011）构建了基于 PDCA 循环的内部控制综合评价指标，为评价内部控制有效性提供了一种思路。陈汉文和张宜霞（2008）认为，评价内部控制有效性的方法包括详细评价法和风险基础法，并且后者是最好的选择。刘玉廷和王宏（2010）指出，实施内部控制审计是提高内部控制有效性的重要的制度安排。韩传模和汪士果（2009）利用 AHP 系统工程方法构建了评价内部控制有效性的递阶层次指标体系，这与路良彬和王河流（2008）构建的内部控制有效性评价指标体系有异曲同工之处。

第二节　关于企业风险的相关研究

根据契约经济学的观点，企业风险主要来源于内部交易的不确定性和外部环境的变化。内部交易的不确定性是指由于内部的委托代理关系、经理知识的有限性、劳动雇佣关系等各种不确定性带来的风险；外部环境的变化是指企业外部经营环境的变化造成的风险。环境的不确定性分为两种，基于环境自身的动态和随机的变化，以及企业对环境的认知能力相对有限，企业风险实质上表现为企业的交易费用增加。

关于企业风险的研究有很多，在进行下面的研究之前，本书需要先对企业风险的概念进行界定。风险无处不在，不同领域对风险的认识不同。在医学领域，Kleinbaum（1982）认为，风险是导致不良反应（如死亡或其他疾病）的可能性；在科技领域，Fishchhoff（1981）认为，风险是对旧机器使用寿命和状况存在的威胁；在财务领域，对风险的认识有不同的观点，Rennie（1981）认为，风险是行为可能带来的后果，最主要是损失；美国会计准则委员会（FASB）（1981）认为，风险是对企业未来成果的不可预测性，包括利得和损失；Heisler（1994）和 Olsen（1997）将风险定义为潜在的损失；美国证券交易所（SEC）将风险定义为潜在的损失以及发生损失的可能性；王育宪（1985）认为，风险是随机事件发生对人的利益造成损失的可能性；CO-SO（2004）将风险定义为对企业目标实现有不利影响的某一事件发生的可能性。国资委在 2006 年 6 月发布的《中央企业全面风险管理指引》中提到："本指引所称企业风险，是指未来的不确定性对企业实现其经营目标的影响"；丁友刚和胡兴国（2007）认为，"对组织目标的偏离都是风险"。

根据以上研究成果，本书发现，关于企业风险的分歧在于：风险是仅包括损失还是包括了未知的利得和损失。但这些观点却都暗含了如下的假设：风险是由随机事件产生的，具有不确定性[1]，

---

[1] 不确定性是指影响企业目标实现，源自企业内部或外部的某件事件发生的可能性。

这些事件存在有利和不利两方面的影响，不利的影响体现了企业的风险承担，有利的影响会促使企业追逐风险；随机事件会对企业未来造成影响，并且会造成不同的后果，未来会造成哪种后果具有不确定性；风险是建立在对未来的预期之上的，并且预期的存在导致了实际结果和预测结果之间的偏差。

从财务的观点来看，本书认为，风险对应的不仅是损失，而且是对预期结果的任何偏离，因此风险可以定义为：某一事件所导致的对预期结果的偏离，风险的大小一方面体现了对预期结果的偏离程度，另一方面体现了结果发生的可能性。

关于企业的风险，目前有许多分类方法，如2013年全国注册会计师统一考试辅导教材《公司战略与风险管理》一书中，就将企业的风险分为自然风险（例如地震、火灾、洪水和机器故障）、经济风险、财务风险、经营风险、货币风险、政治风险、关系风险等。财务管理教材中，在讨论风险和收益的关系时，往往将风险划分为个别风险和组合风险，个别风险一般指持有某种资产所面临的风险，通常用标准差或者离差系数来衡量；后者是从资产组合的角度来分析风险，在资产组合中，由于各个资产的收益之间具有相关性，因此有些风险可以通过有效组合分散掉，有些风险则是不可分散的。在研究资本结构与企业价值之间的关系时，一般将企业风险分为业务风险（business risk）和财务风险（financial risk）。业务风险是指普通股股东在没有举债时所面临的风险；财务风险是指企业在债务融资决策后给普通股股东带来的额外风险。

这些分类方法基于不同的视角，根据不同的分析目的对风险进行划分，有利于认识企业风险的不同来源，但将具有不同层次的风险并列（如将战略风险和财务风险、经营风险等并列），具有一定的缺陷；分类标准不明确，不便于操作，也容易造成遗漏。因此，本书认为，从企业风险管理的角度出发，可以根据企业经营活动，将企业的全部风险先划分为业务风险（也可以称为经营风险）和财务风险两大类，然后根据管理需要进行细分。针对企业内部控制制度而言，更多关注的是对企业面临的所有风险的防范，因此本书考察的企业风险涵盖了企业面临的经营风险和财务风险。

第三节 关于内部控制有效性与企业风险关系的
相关研究

内部控制与企业风险存在千丝万缕的关系。从产生之日起，内部控制就是为了防止和控制资产被挪用、被侵占的风险而设计的。可以说，如果没有经营中资产被侵占、被贪污和被挪用的风险，内部控制就没有存在的必要。所以，内部控制伴随着防范风险的目的而产生，并随着人们的风险意识的增强和企业经营面临风险的增加而发展。企业最初面临的风险主要是资产安全风险，即资产被相关人员利用职务之便侵占和贪污的风险，因此当时的内部控制特别强调资产的实物控制。伴随着资本市场的发展和上市公司数量的不断增加，资本市场对会计信息披露的质量提出了更严格的要求，于是，企业风险中又包括了会计信息披露风险的内容。因为如果企业披露的会计信息质量有瑕疵，就有可能被股东和其他利益关系人士告上法庭，并由此引发巨额的经济赔偿，造成重大损失。此时内部控制目标增加了保证会计信息可靠性的内容，企业内部控制的内容也随之更加丰富。因此，可以说，内部控制从产生之日起就是作为风险管理的手段而存在的，也是伴随风险管理的需要而不断发展的。

2004 年，COSO 委员会发布了《企业风险管理框架》（Enterprise Risk Management Framework），认为内部控制是风险管理的一部分，将企业风险管理定义为：企业风险管理是由企业董事会、管理层和其他员工共同参与的，应用于企业战略制定和企业内部各层次和部门的，用于识别可能给企业造成影响的事项，在其风险偏好范围内管理风险，为企业目标的实现提供合理保证的过程。内部控制与风险管理尽管存在紧密的关系，但是两者并不完全相同，而且这两者之间也不能完全相互替代，只是它们之间存在比较多的重叠与共通之处而已。对于内部控制和风险管理的不同内涵与外延，巴塞尔委员会认为，风险管理和内部控制的区别是，风险管理偏重于对特定业务从战略的高度进行评价，通过对公司不同的业务风险和报酬进行权衡，实现收益最大化。虽然内部控制也包括信息与沟通的内容，也需要风险管理，但并不能作为风险管理的内容。南非公司治理委员会于 2001 年 7 月发布的《南非公司治理报告》（讨论稿）认为，内部控制与风险管理虽然存在关联，但是具有不同的内涵。内部控制是一种将风险控制和最小化的机制，目标是"保护企业资产与投资安全，为实现企业目标，在一般和不利条件下维护企业的持续生存，对与企业有法定利益关系的利益相关者承担责任"。风险管理被定义为"识别和评价附属于企业的实际的和潜在的风险领域，进而通过合适的内部控制消除、转移、接受或减轻风险。风险管理的过程包括计划、安排和控制活动，以便使风险影响最小化，并达到能被股东和其他利益相关者接受的水平"。英国的 Turnbull 报告则认为，内部控制是风险管理的一部分，内部控制有利于企业目标的实现，有效的内部控制需要对公司面临风险的性质与范围做出客观评价。内部控制的目的是适当地管理与控制风险。

第四节　研究评价

综上所述，目前国内外学术界对内部控制的概念、影响因素、经济后果以及内部控制与企业风险的关系进行了大量研究，并取得了许多创造性的理论成果。毫无疑问，这些理论成果推动了内部控制向风险管理阶段的发展，拓展了内部控制理论研究的边界，但是，仍存在一些有待于从理论上深入研究并予以明确的问题，主要有：

（1）关于内部控制有效性评价问题。这是内部控制研究理论的一个关键问题，也是一个难点问题。现有文献解决这一问题的方法都是采用替代变量，比如以是否自愿披露内部控制信息或鉴证信息来衡量内部控制有效性，或者以披露的内部控制缺陷类型等来衡量内部控制有效性。然而，在现实中这些替代变量都存在样本自选择问题，可能导致研究结果存在偏差，难以解释现实。所以，有必要采用一些新方法（如实验法、综合指数法、结构方程模型等）对内部控制有效性的评价问题进行深入研究。

（2）关于内部控制和企业风险的关系问题。企业内部控制作为风险管理的一部分，一方面是为了防范风险，另一方面是为了增强风险承担能力。因此，企业内部控制的有效性水平必将对企业风险造成一定影响，虽然这是理论上学者们都认可的事实，但是在社会实践中，两者是否具有统计学上的显著关系，相关研究并没有涉及，仍需要进行相关的实证验证。

（3）关于公司治理机制、内部控制有效性和企业风险的整合研究问题。一方面，公司治理机制作为企业的约束机制，对企业的内部控制具有一定的影响；另一方面，内部控制又是为了显著降低企业风险。那么公司治理机制会对内部控制和企业风险之间的关系产生什么影响？任何有效的经济机制的运行都离不开内外部治理环境的影响，因此，在研究企业内部控制有效性对企业风险的影响时，如果不考虑公司内外部治理机制，必然会对研究结论产生一定影响。

第五节　本章小结

综上所述，无论是内部控制的相关研究还是企业风险的研究都取得了许多创造性的理论成果，但仍然存在一些有待理论和实证上进行深入研究的问题。主要有：

（1）关于内部控制有效性的评价方法有待正确对待。现有研究在对内部控制有效性进行评价时，往往采用建立综合评价指标的方式，当前学术界主要有四种思路：一是通过分析企业业务流程，找出每个关键控制点，对每一控制点的主要控制措施的有效性进行测试，根据测试结果对企业整体内部控制有效性进行评价；二是以内部控制要素为评价对象，对内部控制要素是否存在以及运行效果进行评价；三是围绕内部控制目标的实现程度，根据五个目标选取评价指标，建立综合评价指标；四是根据内部控制信息披露情况，以企业自愿披露的内部控制缺陷和审计师对内部控制报告的鉴证意见等作为内部控制有效性的替代变量。

（2）关于内部控制有效性的影响因素的研究有待拓展。目前关于内部控制的研究主要集中在有效性评价、影响因素和经济后果等方面。通过文献回顾发现，影响内部控制有效性的因素主要有经营业绩、成长性、存货比重、公司规模、公司治理、业务复杂程度和外部审计等，而且相关的研究文献已经比较丰富，但已有的研究很少涉及企业外部因素对企业内部控制的影响。本书拟考察企业内部和外部治理因素对企业内部控制有效性的影响，从而拓展内部控制有效性的影响因素的研究。

（3）关于内部控制有效性的经济后果有待深化。目前关于内部控制有效性的经济后果主要集中在对资本市场、公司价值、公司治理、信息披露、资本成本、盈余管理、企业风险、外部审计和公司投资行为的影响，其中相关经济后果的研究成果比较丰富，但具体的研究还需要进一步深化。如企业内部控制有效性对企业风险的影响，还需要在一定的治理环境下加以考虑。

（4）关于企业风险的概念界定，学者对风险的定义分歧在于：风险是仅仅针对损失而言还是包括了未知的利得和损失。但这些观点都暗含了如下的假设：风险是由随机事件产生的，具有不确定性。从财务的视角来看，本书认为风险对应的不仅是损失，而且是对预期结果的任何偏离。本书认为，从企业风险管理的角度出发，可以根据企业经营活动，将企业的全部风险划分为业务风险（也称经营风险）和财务风险两大类。而对于企业内部控制制度而言，需要综合考虑这两类风险的影响。

第三章

相关概念的理论解析

概念（idea，notion，concept）是反映对象的本质属性的思维形式。人类在认识世界的过程中，从感性认识上升到理性认识，把所感知的事物的共同本质特点抽象出来，加以概括，就成为概念。概念是人类思维的一种基本形式，反映了客观事物的最一般、最本质的特点，因此，对客观事物进行科学研究的基础就是定义明晰的概念。本书出于对选题进行深入研究的需要，将运用相关理论对公司治理、内部控制、内部控制有效性和企业风险等相关概念进行解析，为下文的进一步研究打下基础。

第一节　公司治理的界定

公司治理是目前国内外经济理论和实务界研究的一个重要课题。"公司治理"（corporate governance）最早是由美国经济理论界提出的，在全球范围内，公司治理结构问题是伴随着股份公司的出现而产生和发展的，核心是由于企业所有权和经营权的分离，所有者与经营者的利益或目标不一致而产生的委托代理关系。"治理"一词源于拉丁文，是"统治"或"掌舵"的意思，

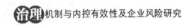

在希腊文中与"舵手"是同义词。在经济活动中，"治理"一般含有权威、指导、控制的意思。"公司治理"是英文的直译，日本称为"统治结构"，我国香港地区称为"督导结构"，而我国内地大多译为"公司治理结构"、"公司治理机制"等。

一、公司治理的含义

公司治理是一个由主体和客体、机制和结构等诸多因素构成的体系。公司治理的主体是以股东为核心的诸多利益相关者，公司治理的客体是由治理边界加以限定的。关于公司治理的含义，不同学者根据不同的理论，做出了各自的解释。总的来看有以下几种：

（1）强调公司治理的相互制衡作用。如吴敬琏、Gilsonand 和 Roe 等认为，所有者、董事会、经理层之间的权力制衡是实现公司治理的关键。只有公司内部之间明确了责权利关系，公司治理结构才能被建立起来。吴敬琏认为，公司治理结构是指由所有者、董事会和高级执行人员及高级管理人员三者组成的一种组织结构；在这种结构中，所有者、董事会和高级执行人员三者之间成为制衡关系。通过这一结构，所有者将自己的资产交由公司董事会托管；董事会是公司的最高决策机构，拥有对高级经理人员的聘用、惩罚以及解雇权；高级经理人员受聘于董事会，组成在董事会领导下的执行机构，在董事会授权的范围内经营企业。

（2）强调公司的所有权安排是公司治理的关键。如张维迎认为，公司治理在广义上就等同于公司所有权，而公司所有权包括剩余索取权和剩余控制权。公司治理问题的关键是如何使公司的剩余索取权和剩余控制权相互对应。只有这样，才能对公司中的个体形成最大激励，最终使得公司做出利润最大化的行为。同时，强调利益相关者在公司治理中的权益应该受到保护。如杨瑞龙、李维安等认为，公司治理结构表现为一系列契约的集合。这些契约的签订者不仅包括股东、董事会和经理人，还应该包括消息者、投资者和债权人。因此企业必须很好地履约，不应当只维护所有者的利益，还应该照顾到市场上利益相关者的利益。

（3）强调市场机制在公司治理中的决定性作用。如林毅夫认为，公司要获得健康发展，最主要是看能否形成一个良好的市场利润率，一个合理的市场利润率恰好能正常反映公司经营者的经营水平，这种市场监督和约束构成了公司治理结构的关键。林毅夫认为，公司治理是所有者对经营管理和绩效进行监督和控制的一整套制度安排。公司治理中最基本的成分是通过竞争的市场所实现的间接控制或外部治理。

（4）强调科学决策在公司治理中的关键作用。如李维安认为，公司治理不是为制衡而制衡，衡量一个治理制度好坏的标准，不仅取决于公司内部的权力制衡状况，更取决于如何使公司更有效地运行，如何保证公司各方参与人的利益得到满足和维护。"公司治理的目的不是相互制衡。至少最终不是制衡，它只是保证公司科学决策的方式和途径"。李维安认为，狭义的公司治理是指所有者对经营者的一种监督和制衡机制，即通过一种制度安排来合理地配置所有者和经营者之间的权利与义务关系。公司治理的目标是保证股东利益最大化。广义的公司治理涉及广泛的利益相关者，包括股东、债权人、供应商、雇员、政府和社区等与公司有利害关系的集团。公司治理通过一套正式的或非正式的、内部的或外部的机制来协调公司与所有利益相关者之间的利害关系。这种观点侧重强调企业所有权或企业所有者在公司治理中的主导作用。

（5）强调法律在治理中的关键作用。如法商管理学派认为，治理是目的，法律是手段，应该通过对法律的运用和操作，以及从法律层面对问题加以分析和解读，以寻求解决的办法。

由上述分析可以看出，对公司治理定义的分歧在于：公司是只对股东（出资人）负责，还是应对包括股东、债权人、供应商等一系列利益相关者负责。

（6）OECD 公司治理原则。1998 年，经济合作与发展组织（OECD）理事会召开部长级会议，提议 OECD 与各国政府和有关国际组织共同制定一套公司治理的标准和准则。经过专业委员会一年的工作，1999 年 5 月通过了《OECD 公司治理原则》。该原则将公司治理定义为"一种据以对工商业公司进行管理和控制的体系，它明确规定了公司的各个参与者的责任和权利分布，诸如董事会、经理层、股东和其他利益相关者；并且清楚地说明了决策公司事务时所应遵循的规则和程序；同时它还提供了一种结构，使之用以设置公司目标，也提供达到这些目标的监控运营的手段"。

除了 OECD 以外，其他国际机构也纷纷加入了推动公司治理运动的行列。

国际货币基金组织（IMF）制定了《财务透明度良好行为准则》及《货币金融透明度良好行为准则》。世界银行还与 OECD 合作，建立了全球公司治理论坛（Global Corporate Governance Forum），以推进发展中国家公司治理的改革。国际证监会组织（IOSCO）也成立了新兴市场委员会（Emerging Market Committee），并起草了《新兴市场国家公司治理行为》的报告。

综合以上观点，本书认为，公司治理机制充分发挥作用的前提是存在合理的公司治理结构。根据广义的公司治理的内涵，公司治理结构包括内部治理与外部治理两个方面，内部治理基于正式的制度安排，外部治理则建立在非正式的制度安排基础之上，这些正式与非正式的制度安排的意义在于保证利益相关者之间的

权力制衡及公司重大战略决策的科学性。而公司治理可以定义为
"为保证利益相关者之间权力制衡及公司重大战略决策科学性而
建立的一系列正式与非正式的制度安排，公司治理可以分为公司
内部治理和公司外部治理"。

二、公司内部治理

公司内部治理是公司治理最核心的问题。这一问题包括两个
主要方面：股东与公司经理层之间的关系；控股股东与一般股东
之间的关系。

（一）股东与公司经理层之间关系的治理

股东与公司经理层之间的关系实际上就是股东与董事会、董
事会与经理层之间的委托代理关系问题。委托代理关系是一种契
约，"在这种契约下，一个人或更多的人（即委托人）聘用另一
个人（即代理人）代表他们来履行某些服务，包括把若干决策权
托付给代理人"。委托代理机制的有效性取决于代理人/经理人的
能力和他们的努力程度。在单一业主所有制（经营者与所有者为
同一人）公司里，一位能力强且努力工作的业主无疑比缺乏能力
且懒惰的业主可以取得更好的绩效。但在现代公司，特别是股份
制公司里，经理人和公司的所有者通常是分离的。因此，虽然经
理人的能力和努力同样与公司绩效息息相关，但能力强的经理人
的努力工作未必会产生公司绩效最大化的结果。这是因为，在所
有者和经理人相分离的情况下，经理人的行为可能会偏离公司所
有者的目标，去追求经理人自身利益的最大化，甚至不惜损害公
司所有者的利益。因此，对经理人的能力和努力程度还必须做一
个限定，即经理人的行为应以公司所有者的利益为皈依。

（1）股东大会。按照公司法的规定，在公司正常经营的状态
下，股东是公司的最终所有者，对公司资产拥有终极控制权和剩

余索取权。股东大会是公司的权力机构，股东通过股东大会行使自己的审议权和投票权，维护自己的法定权益。从决策的动议、批准、执行和监督四个步骤来看，股东大会拥有批准和监督的权力，行使相应的职能。股东通过股东大会对公司的合并、分立、解散和清算等重大事项拥有决议权。

但在现代公司制度下，由于股东高度分散，因此股东通过股东大会行使权力的成本很高，股东对经理的有效监督是通过董事会这一内部治理机制以及控制权市场的代理权争夺这一外部治理机制来实现的。

（2）董事会。在公司的内部治理机制中，董事会是由股东选举产生的，作为股东的代表行使对经理的监督和控制权并批准有关公司的重大决策。在极端的情况下，董事会可以撤换公司的经理和经理层的其他成员。在公司治理结构中，股东大会和董事会之间是信托关系，董事是股东的受托人，承担受托经济责任。董事有执行董事和非执行董事，前者是公司内部的管理人员，后者是公司外部人员；在法人股东占主导地位的时候，控股股东会派出自己的代表担任持股公司的董事。一旦董事会受托来经营公司，就成为公司的法定代表，正常情况下股东不得干预董事会的工作。

很难指望执行董事对自己进行监督，而非执行董事在公司中没有重大的财务利益，并且他们往往同时担任多家公司的董事，有些董事甚至还是公司经理推荐的。出于这些考虑，董事对经理进行有效监督的动机和能力会大打折扣，所以董事会在治理结构中的作用比理论上的效果要差一些。

如果股东对董事会领导下的公司治理绩效不满意，可以在股票市场上卖出股票，即"用脚投票"；另外一种选择是发起或响应控制权市场上的代理权争夺，转让股权并使之集中，改选董事会并对经理层进行更换。

（3）经理层。在公司的治理结构中，经理层是公司的经营者，与董事会之间是委托代理的关系。经理由董事会聘任，对董事会负责，拥有决策步骤中的动议和执行的职能，拥有聘任经理层以下各级经理、主持公司的生产经营管理工作、组织实施董事会决议、组织实施公司年度经营计划和投资方案等多项权力。在实际运行过程中，由于股东大会和董事会作用机制的残缺，经理层实际拥有的权力比公司法中规定的权力要多，因此需要公司的利害相关者对经理实施激励和约束。

从对公司内部治理机制的考察来看，尽管股东、董事会和经理层之间存在相互制衡的关系，为公司制度的运作奠定了基础，但在这一治理结构中，代理问题不能仅靠内部治理机制来解决，必须通过市场的外部治理机制来完善公司治理的机制和功能。

为了使有能力的经理层最大限度地为股东（所有者）的利益努力工作，需要设计公司的最优内部治理结构，包括选聘、激励和监督。

（1）科学的选聘机制是最佳内部治理结构形成的前提。竞争上岗、公开聘任经理人员是保证经理人能力、努力程度和其行为符合公司目标的重要条件。有专家指出，在董事会内部设立独立选聘委员会，有助于改进经理人市场的效率。科学选聘机制的形成有赖于外部经理人市场的存在。运作良好的经理人市场可防止经理人员对公司进行无效运作，因为这样将使他们面临失去工作的威胁。

（2）合理的激励机制也是实现最佳内部治理结构的关键。合理的激励机制要解决的是激励经理人为谁工作和工作的努力程度问题。一般来说，在其他条件不变的情况下，激励越强，经理层工作就越努力，公司绩效也就越好。经理层和董事薪资与公司业绩挂钩的薪酬体系有助于刺激他们提高公司业绩；在董事会内部设立独立薪酬委员会，通过最小化经理人员自我提薪的风险，有助于提升薪酬体系的效率。改善激励机制主要有两种途径：一是产权改革，产权理论认为，产权明晰公司的产权人有较强的动机去提高公司的绩效，产权的核心是公司剩余财产的占有权，因此，产权改革应包括经理人对剩余利润的分享，这可以通过分红、股权激励等形式实现；二是引入市场竞争，公司绩效主要与市场结构有关，与市场竞争程度有关，竞争是公司改善绩效的根本保证，激励机制只有在竞争的条件下才能发挥作用。

（3）有效的监督机制是实现公司最佳治理结构的保证。监督机制着重解决经理人员为谁工作和工作是否努力的问题。一般来说，监督机制越有效，越能使经理最大限度地努力为股东利益工作，工作绩效就越好。公司内部的监督机制包括股东、股东会、董事会以及监事会对经理人员的监督。

股东的监督主要表现为两种形式：一是在股东会上通过投票否决各类议案，或者通过投票来替换不称职的董事会成员，进而替换不称职的经理人员；二是在预期公司业绩下滑时，通过股票二级市场或其他渠道转让股票或股权，从而退出公司。股东会作为公司的最高权力机构，对公司经理层的监督具有最高的权威性和最大的约束性。公司股东会有权选举和罢免公司的董事、监事，有权查阅公司的账目。但股东会作为监督机构也有其弱点，股东会不是常设机构，其监督权的行使往往交给专事监督职能的监事会或者部分交给董事会，仅保留对公司经营结果的审查权和决定权，这就在一定程度上削弱了股东会的监督职能。

董事会的内部监督职能主要体现为董事会对经理层的监督。董事会有权聘任或者解聘经理人员，有权制定重大发展战略。董事会的这些权利能够有效约束经理人员的行为，以保证董事会制订的发展计划能够得到公司经理层的贯彻执行，同时确保不称职的经理人员能够被替换。

监事会是公司专事监督职能的机构，监事会对股东会负责，以出资人代表的身份行使监督权。监事会以董事会和经理人员为监督对象。监事会可以通知经营管理机构停止违法或越权行为，可以随时了解公司的财务情况，审查文件账册，并有权要求董事会提供情况，可以审核董事会编制的提交给股东会的各种财务报表，并向股东会报告审核意见，可以提议召开股东会。

（二）控股股东与一般股东之间关系的治理

公司内部治理机制的第二个重要方面是处理好控股股东与一般股东之间的关系。根据公司有关的法律理论与实践，公司股东之间应彼此负有受托经济责任，特别是大股东对小股东应负有公平交易的责任。例如，大多数国家都对控股股东与公司的关联交易、董事关联交易规定了披露原则、无利益冲突的股东中的多数通过原则和公平性原则，即从程序上加以监督，要求董事对其实施的有关关联交易的行为予以披露，要求无利益冲突的董事，股东对关联交易进行披露，或者由独立实体对关联交易进行公平性审查。

根据同股同权原则，公司的大股东与中小股东应具有相同的股东权利，而唯一的区别是大股东的表决权份数多于一般的中小股东的份数。具有控股地位的大股东有能力也有动机去侵害中小股东的利益，因此，建立健全针对中小股东的保护机制有助于中小股东实现其股东权利。要建立健全中小股东保护机制，最重要的是完善监事会制度。首先，要增加中小股东在公司监事会的比例。中小股东由于持股较少，一般难以进入董事会以对公司经理层进行监督。但中小股东可以进入公司的监事会来达到监督的目的。其次，完善监事会的职权，如监事会有权以公司名义委托注册会计师帮助进行财务审计，有权代表公司对董事、经理提起诉讼，有权召集股东大会等。

基于以上分析以及本书的研究目的，本书将公司内部治理分为股东层面的内部治理和董事会层面的内部治理。

三、公司外部治理

公司外部治理是以竞争为主线的外在制度安排，主要研究法律监管、公平的竞争环境、充分的信息机制、客观的市场评价以及优胜劣汰机制，还包括政府和社区对公司所进行的治理。

（一）市场竞争机制与公司外部治理

充分而公平的外部市场竞争体系为监督和约束经营者行为提供了评判依据，同时也为这种监督和约束的实现创造了必要的机制和适宜的环境，从而在公司外部形成强有力的治理。市场的外部治理主要来自产品市场、资本市场、经理人市场和劳动力市场。

（1）产品市场的治理。实行市场经济的必然结果是产品和服务供给由卖方市场转变为买方市场，产品和服务竞争日趋激烈，突出表现在对市场份额的争夺上。在顾客至上的社会里，如果某个公司的产品和服务因其质量或形式深受顾客的欢迎，那么该公司的产品或服务的市场占有率会上升。

竞争性的产品市场对经理有很强的激励和约束，它可以提供公司经营效绩和经营者努力程度的信息，委托人可以据此实施对代理人的评价和奖惩。由于公司的运作效率在很大程度上通过产品市场来实现，因此对于经理来说，公司在产品和服务市场上的表现就成为衡量其努力程度和经营能力的标志。产品和服务市场对公司的治理主要是通过对生产和服务同类产品的公司和消费者的选择进行的，同时也包括新进入者、替代产品及供应商对公司所施加的压力。

（2）资本市场的治理。资本市场可以对经理层施加压力，以保证公司的决策过程有利于剩余资产所有者。这个监控机制的有效程度取决于资本市场是否有效。资本市场对公司的约束突出表现为：在公司经营不利时可以采取"用脚投票"的办法对公司管理实施制衡。

公司经理层的经营成果可以充分地体现在股票价格上，"用脚投票"的行为会引起上市公司股价下跌，从而引起现有股东不满，有可能促使股东联合起来将现任经理赶下台。同时，在资本市场上，潜在的并购和敌意接管也构成了对经理行为的强有力的约束机制，若收购成功，新的大股东将更换现有的经理层，原控股大股东可能会转化为一般投资者。在美国，主要依靠资本市场上的接管和兼并控制公司。美国的机构投资者通常不长期持有一种股票，在所持股公司的业绩不好时，一般不直接干预公司运转，而是改变自己的股票组合，卖出该公司的股票。持股的短期性质使股票交易十分频繁，造成公司接管与兼并事件频频发生。

（3）经理人市场的治理。有效的经理人市场可以甄别有能力和尽职的经理与没有能力和不尽职的经理。经理人之间的竞争以及公司内部不同层级上经理的竞争能够约束在职经理的逆向选择和道德风险，激励他们为股东的利益服务。

应积极培育经理市场。在市场经济发达的西方国家，基本上形成了比较成熟的经理人市场，一方面给经理提供晋升的机会，另一方面也带来了被取代的风险。如果公司经营效果不好，就可能成为被兼并的目标公司，从而经理人员被解职，而且很难在经理人市场找到合适的职位。当然，经理人市场约束机制的有效程度在于它能否将经理人员的表现用信息反映出来。

（二）利益相关者权利与公司外部治理

有效的公司治理不仅依赖于健全的公司内部治理结构，而且依赖于良好的外部治理环境和外在制度安排，其中涉及债权人、机构投资者、中介机构、公司员工、客户、供应商、政府、社区居民和媒体等利益相关者。

1. 债权人

债权人是公司借入资本即债权的所有者。债权人可以通过给予或拒绝贷款、信贷合同条款安排、信贷资金使用监管、参加债务人公司的董事会等渠道达到实施公司治理的目的，尤其是当公司经营不善时，债权人可以提请法院启动破产程序。此时，公司的控制权即向债权人转移。

债券融资和股权融资一样，都是公司筹资的方式，所不同的有以下几点：债券融资通过发行债券完成，公司债券所表示的只是一种债权，债权人无权过问发行者的业务；公司债券收取利息，是公司的固定支出，应在股利之前支付，当公司破产清算时，必须首先偿还公司债券；公司债券的持有者（债权人）风险较小，除了获得固定的利息外，到期还可以收回本金；公司债券的利息可以计入费用，从而冲减利润而少交所得税。

公司债根据不同的标准可以分为以下不同的种类：

（1）根据所享受的利益是否确定，可以分为一般公司债与参加公司债。一般公司债是指有偿还期限并支付利息的公司债；参加公司债包括所得公司债和利益参加公司债，前者以盈余作为条件而支付利息，如果是，后者，其债权人除享受一定利率的利息外，还可以参加公司的盈余分配。

（2）根据债务是否可转换为公司股份，可以分为可转换公司债和非转换公司债。

（3）根据公司债的发行有无担保，可以分为担保公司债和无担保公司债。

（4）根据债券上是否记载债权人的名称，可以分为记名公司债和不记名公司债。

（5）根据偿还期限，可以分为短期公司债和长期公司债。

总的来说，债权人和公司是一种合同关系，包括正式合同和非正式合同。由于债权人要承担本息到期无法收回或不能全部收回的风险，因此债权人和股东一样，拥有监督权，并在非常情况下拥有控制权，如在破产清算时。

2．机构投资者

在成熟的资本市场中，机构投资者对其所投资公司往往能施加重要影响。当一个或少数几个大股东持有公司股份达一定比例（如 10％～20％）时，他们就有动力去搜集信息并监督经理人员，从而避免了中小股东中普遍存在的"搭便车"现象。如果机构投资者是上市公司的股东，往往能够通过拥有足够的投票权对经理人员施加压力，甚至可以通过代理权竞争和接管来罢免经理人员，有效解决代理问题。

3．中介机构

要强化外部公司治理机制的有效性，就必须减少委托人和代理人之间的信息不对称，提高上市公司的透明度。投资者通过上市公司披露的财务报表和其他信息，了解上市公司财务状况、经营成果和经理层的经营业绩，以此做出投资决策。而以经理层为主导编制的财务报告要取得公众的信任，就必须接受各类中介机构（如会计师事务所、律师事务所、资产评估机构以及投资银行等）的审核，并取得鉴证意见。因此，各类中介机构，尤其是对上市公司财务会计信息进行独立审计的会计师事务所以及在上市公司新股发行中承担主承销责任的投资银行，能否充分履行诚信义务，保证财务信息的真实可靠，对提高上市公司治理水平具有积极意义。

4．员工

公司员工是公司的人力资产。一般情况下，员工的知识和经验具有一定的专用性。这种专用性将使员工难以随便地更换公司，随便地更换发挥自身特长的场所。这有利于将员工个人的利益与公司的利益紧密联系起来，进而起到监督作用。

公司员工作为公司人力资产的所有者，在现代公司中的地位和作用越来越重要。首先，现代公司之间的竞争最终都归结为人力资源的竞争，拥有知识和技能的员工是公司竞争制胜的决定性因素。无论是产品的研究开发还是生产销售，都需要依靠员工的智慧和经验。离开了员工，公司寸步难行。其次，员工的知识和技能只是一种潜在的生产力，要将这种潜力发挥出来，必须给予一定的诱导和刺激，创造适宜的环境和条件。再次，员工作为一种人力资产，具有一定的专用性。这种专用性将员工个人的命运与公司的命运紧密联系起来。他们与公司共荣辱，同患难，具有强烈的责任感和参与意识。只有保护和利用好这种热情，才能使公司充满活力。最后，随着科学技术的进步和知识经济的发展，将会涌现出越来越多的知识型公司，在这些公司中，员工不仅成为人力资产的所有者，而且成为物质资产的所有者，即公司的所有者。

公司员工作为公司重要的资源和人力资产的所有者，应享有所有权。具体地说，应享有以下权利：

（1）剩余索取权。员工在按劳动合同和其他规定得到工薪报酬的同时，有权以奖金或其他形式参与公司税后利润的分配。

（2）剩余控制权。公司决策对员工的切身利益有重大影响，因此员工应享有一部分剩余控制权，一旦某些决策损害自身利益即可及时采取对策。公司不能背着员工搞暗箱操作。

（3）监督权。员工作为内部所有者（人力资产所有者），了解公司真实情况，掌握真实信息，能有效行使监督职能。

（4）管理权。从人力资产所有者的意义上说，员工是公司的主人之一。因此应享有一定的管理权，如提供合理化建议、自主管理、共同决策等。

5. 客户

客户是公司产品或服务的消费者。公司价值和利润能否实现，在很大程度上取决于客户的选择。客户购买公司的商品后，有权要求公司的经理保证其所提供的商品能够保障客户人身、财产的安全，当不满意时，有权要求退换或赔偿。当客户认为公司提供的商品或服务不能满足需要时，可以随时更换厂家，从而使公司的销售面临困难。客户的这些权利在一定程度上构成了对公司的外部监督。

客户选择公司的产品或服务，同时也就获得了一组权利，主要包括以下几项：

（1）安全权。消费者在购买、使用商品和接受服务时享有人身、财产安全不受损害的权利，消费者有权要求经理人员提供的商品或服务符合保障人身、财产安全的要求。安全权是消费者应享有的最重要的权利，这一点在许多国家的立法中都得到了体现。

（2）知情权。消费决策的做出，一方面取决于其需求，另一方面依赖于其对商品或服务状况的了解，两方面因素的结合，才使消费者与经营者进行交易。在现实生活中，消费者的消费需求是千差万别的，能够满足某些需求的商品或服务也是多种多样的，消费者往往根据自己的需要、偏好、消费知识等，做出对自己最有利的选择。消费者要做出最有利于自己的选择，就必须对有关商品或服务的真实情况有所了解，为此需要享有知情权。法律从保护消费者的一般利益出发，规定消费者有权根据商品或者服务的不同情况，要求经营者提供商品的价格、产地、生产者、用途、性能、规格、等级、主要成分、生产日期、有效日期、检验合格证明、使用方法说明书、售后服务等有关情况，或者要求经理人员提供服务的内容、规格、费用等情况。

（3）自主选择权。消费者享有自主选择商品或服务的权利，也就是说，可以根据自己的需要和意愿选择商品或服务。具体包括以下几个方面：一是消费者有权自主选择提供商品或者服务的公司；二是消费者有权自主选择商品品种或者服务方式；三是消费者有权自主决定购买或者不购买任何一种商品，接受或者不接受任何一项服务；四是消费者在自主选择商品时，有权进行比较、鉴别和挑选；五是消费者因购买、使用商品或者接受服务受到人身、财产损害时，享有依法获得赔偿的权利。从另一方面看，如果公司产品和服务令消费者满意，通常消费者会形成一种对公司产品较强的偏好，要改变或取消这种偏好，往往会给消费者带来负效用。为了切实保护消费者的权利和利益不受侵害，消费者应拥有对公司的监督权。

6. 供应商

供应商是公司各类生产资料的供给者。一般情况下，供应商与其下游客户相互依存，供应商依赖其下游客户的购买订单来生存，同时下游客户也依靠供应商供应的生产资料来维持经营。随着经济的发展，供应商与下游客户休戚相关，十分关注下游客户的发展状况。供应商已在一定程度上发展为其下游客户的外部监督者。

供应商是公司生产经营所需劳动资料和劳动对象（即生产资料）的供给者，这些生产资料包括：机器设备和工具；厂房、仓库、道路等基础设施；原材料、燃料、动力；等等。供应商引致投资者，即他们的投资是由公司的产量或规模决定的，因而与公司休戚相关。供应商与公司利益相关的程度取决于以下三个因素：交易规模，包括交易额度和交易频率；合同期限；资产专用性程度。

一般来说，交易规模越大，交易合同期限越长，供应商资产专用性程度越高，供应商就越是与公司休戚相关。公司运营良好，产量增加，规模扩大，对供应商产品的需求就会增加，供应商的日子就好过；反之，公司减产、停产或破产，就会对供应商产生连锁反应，直接损害其经济利益，如生产线闲置、人员过剩、产品积压、货款收不回来等。对那些做了专用性投资、与公司签订了长期合同的大宗供应商来说尤其如此。因此，供应商为维护自己的利益，应当享有对公司营运的监督权。

7. 政府

政府也有很大的动力对公司进行监督。严格地说，政府与其他利益相关者的地位不可同日而语。从经济方面看，政府的主要职能是运用经济、法律等政策和手段调控国民经济运行，维护正常的交易秩序，并站在公正的立场上，调解不同所有者、经理人员、劳动者之间及其内部的矛盾和冲突。之所以把政府看作公司的利益相关者，除了上述原因之外，还有以下原因：

（1）政府的目标之一是促进就业，而公司是吸纳就业人员的主要部门，公司景气与否直接关系到"产业后备军"的多寡，从而关系到社会和政局的稳定。

（2）维持政府这家机器运转的主要"燃料和动力"是税收，而来自公司的各项税是政府税收收入的主要源泉之一，公司经营不善或偷税漏税都会减少政府的收入现金流，从而使政府运转困难。

（3）政府庞大的购买清单和公共工程开支计划也需要公司来满足或实现，如何保证质量并按期交货是政府所关心的。如果公司出了"大麻烦"，势必影响政府的"政绩"。

基于以上考虑，政府应有权对公司实施监督。

8. 社区居民

公司的经营不仅直接影响所有者、交易者的利益，而且对公司所在社区的居民亦有重大影响。

（1）公司为当地居民提供就业机会，增加居民收入。公司经营好，当地就可以有较多的就业岗位，居民收入会增加，福利会提高；公司经营不好，当地居民的生活水平就会下降。

（2）公司的生产经营直接影响当地的环境，对居民的身心健康产生影响。如有的公司单纯追求盈利，忽视环境保护，大量排放废水、废气、废物，产生各种噪声，对当地居民构成威胁。

（3）公司的扩张也会对社区居民产生影响。如公司扩建可能要动迁居民，新建项目可能带来污染，大量招聘外地工人可能会加剧当地公共交通、教育、住房、水、电、食品供给等方面的矛盾，给居民生活带来不便。

所以，社区居民为维护自身利益，应享有监督公司活动的权利。

9. 媒体

公司经营管理受到公共媒体的监督，媒体监督作为公司外部治理机制的一种，会影响公司的经营效率。国外的研究从影响审计师行为、降低控制权私人收益，减少企业对外部投资者的侵害等方面证明了媒体监督的公司治理作用，国内的研究则从提高政府效率、减少腐败、发现上市公司的违规行为等方面证明了媒体监督的公司治理功能。如盈余管理是公司治理所监控的重要方面，媒体一方面具有监督功能，能够抑制管理者的机会主义行为，减少盈余管理；另一方面，又给管理者带来了巨大的市场压力，他们为了达到市场分析师的期望，或者满足市场的预期，反而有可能采取更多的机会主义行为。因此，虽然对于新闻媒体如何影响公司的经营管理，学术界还没有达成共识，但学者都认可新闻媒体具有公司治理的功能，应将新闻媒体作为公司外部治理机制的一种。

　　基于以上对公司外部治理机制的分析，本书结合研究的需要，主要考察的公司外部治理机制包括市场化程度、法律制度的完善程度、政府干预水平、注册会计师外部审计和媒体监督机制。

第二节　内部控制的含义

　　内部控制的产生和发展，受到社会生产力和人类经营管理方式等客观环境的影响，内部控制实践历史悠久，但是人们对于内部控制理论的研究是从 20 世纪三四十年代才开始的，虽然内部控制理论的研究历史较短，但现代意义上的内部控制理论的发展非常迅速，这些研究有力地促进和完善了内部控制理论的发展。需要指出的是，尽管内部控制理论的研究已经取得了很大的进展，但至今仍没有形成相对统一完善的理论体系，其根本原因是，对内部控制理论形成的基础没有进行很好的研究。科斯（1937）指出，科学家在建立一种理论时，常常忽视对理论赖以建立的基础的考察。因此，本章首先对内部控制的边界进行界定，然后对内部控制有效性进行界定。

　　内部控制用英文表达是"internal control"，因此要明确内部控制的概念，就需要对"internal"和"control"分别进行界定，"internal"是一个空间概念，是内部的意思，这个"内部"既可以是人体的内部，也可以是国家或组织的内部。而对于"内部控制"这个概念来说，"内部"具有以下含义：第一，这个"内部"是针对组织而言的，即内部的主体是组织，既然是一个组织，那么根据契约理论，组织必然是根据某种契约或章程由很多人组成的一个集体；第二，"内部"的边界由特定契约来确定，是一个行为意义上的边界，比如对于企业来说，它的内部是由企业的章程和组织机构确定的，凡是企业的人员、企业的机构、企业人员所从事的活动等，都属于企业的内部事务；第三，"内部"是相对于"外部"而言，是作为外部的对立面存在的，对于企业来说，内部和外部构成一个完整的空间，不存在其他空间要素；第四，"内部"的边界是经常变化的，现代企业并购活动比较频繁，伴随着并购行为的发生，内部的边界也是不断发展的。

"control"在英文中也有非常多的含义，在通行的翻译中，控制的含义与"监控"、"管理"、"监督"、"监管"等并没有本质的差别，只是使用习惯不同而已。根据大英百科全书的解释，"control（控制）""是指通过对行为进行限制而达到既定目标"。这里的"控制"也有以下几个特征：第一，控制是与既定目的和目标相互联系的。在现实生活中，不管是个人、企业还是国家，都存在自己认可的目标，但行为本身容易与既定的目标发生偏离，因此就需要对行为进行必要的控制，否则就难以实现既定的目标。第二，控制和标准是相互联系的，对行为进行控制，必然需要确定控制的标准，这个标准是判断行为是否偏离目标的衡量标准。第三，控制是和程序、步骤等联系在一起的，因为控制强调的是对行为过程的约束和限制，从管理学上来讲，通过对过程的控制来保证结果的合理性和合规性，这是控制的精髓所在。第四，控制伴随着相应的调整。当行为与目标或标准发生偏离时，就需要对偏离的行为进行适当的调整，否则，就失去了控制的意义。

现代企业理论认为，企业是一系列契约的有机组合或耦合[1]，

---

[1] 雷光勇（2004）认为，将企业的契约本质表述为"企业的联结"或"企业的组合"均没有表达出企业作为一个有生命的有机体的含义，因此，建议使用"耦合"一词来表达企业的契约本质。

是要素所有者进行产权交易的一种方式。同时，企业也是不同要素所有者之间缔结的一组契约，这些契约可能是显性的，也可能是隐性的。但契约具有不完备性，由于企业内部团队生产特征和委托代理矛盾的存在，导致了以降低交易费用、提高契约主体产权交易效率为目的的内部控制体系的产生，内部控制的存在弥补了企业契约的不完全性，降低了企业内部发生的交易费用，这可以认为是企业内部控制的本质（刘明辉和张宜霞，2002）。

从内部控制理论的发展过程来看，从内部牵制一元论、内部控制系统二分法（内部会计控制和内部管理控制）、内部控制结构三要素（控制环境、会计系统和控制程序）、内部控制框架五要素（控制环境、风险评估、控制活动、信息与沟通和监督）到风险管理框架八要素（内部环境、目标制定、事项识别、风险评估、风险反应、控制活动、信息与沟通以及监控等），内部控制概念的边界也在不断拓展，现代风险管理理论将更多的内容纳入内部控制的研究范畴，对内部控制的概念进行界定，需要充分考虑这些因素。

综合以上分析，本书将内部控制界定为"内部控制是将企业内部资金、人员、技术、信息和文化等整合起来，为实现企业目标，通过分析、计划、执行和评价反馈等程序将内部控制各个要素耦合在一起，从识别企业经营过程中的关键风险点、制定风险管理策略，到评价内部控制效率和效果，最终反馈给利益相关者，体现了信息的获取、加工、处理和传递过程"。在界定了内部控制的概念之后，需要厘清内部控制有效性的含义。

第三节 内部控制研究的理论基础

理论基础是进行内部控制研究的基石。对内部控制的研究，由于存在不同的研究角度，不同的角度都有各自的理论基础作为支撑。本书立足于研究影响中小板公司内部控制水平的环境因素，因此最恰当、最有关联性的理论基础应该是委托代理理论和权变理论。

一、委托代理理论

委托代理理论是迄今为止对公司治理影响最深远的理论之一。早在亚当·斯密的《国富论》中，就曾提及股份制公司的委托代理问题，他一针见血地指出：要让股份制公司的经理们像合伙企业的合伙人一样尽心尽力地管理公司的财产，是非常难以做到的。20 世纪 30 年代，伯利和米恩斯在他们的经典著作《现代公司与私有财产》中对公司控制权和所有权的分离及其带来的问题进行了深入分析，从此委托代理问题进入了公司研究的领域，并产生了深远影响，在 20 世纪 60 年代末 70 年代初推动了一批经济学家对此课题进行了深入研究。

委托代理问题存在的根本原因是信息的不对称。委托代理关系是伴随着经济发展和专业化分工而产生的一种契约关系。如果这种契约关系满足两个条件，即委托人和代理人共同分担公司经营的风险和不存在隐藏信息，那么这一契约将会是最优契约，也就不会产生代理问题。但现实情况是，委托人和代理人之间由于目标函数不同和非对称信息的存在，往往使最优契约条件无法满足，从而产生代理问题，即委托人承担了因代理人行为产生的全部风险。

在信息对称的情况下，代理人的行为可以清楚地被委托人观测到，因此代理人可以预见到委托人将会依据观测结果对其实行奖惩，所以会约束自己的行为，因而不会产生代理问题。但是在信息不对称的情况下，委托人不能凭代理人的行为对代理人进行评价，因为委托人观测到的只是代理人的行为变量，而这些变量掺杂了代理人的自身行动和代理人外部的随机因素，导致委托人无法恰当区分代理人行为是由于其自身原因产生，还是由于外部因素影响产生的。于是，委托人只能通过激励合同的设计来实现自己的预期期望。

一般我们认为，公司内部存在的委托代理关系是约瑟夫·斯蒂格利茨所说的股东（所有者、委托人）与经理层（经营者、代理人）之间的关系（1978），但其实委托代理关系存在于每一个管理层级（米歇尔·詹森和威廉姆·马克林，1976），公司实际上是多重委托代理关系的集合体。为了降低代理成本，委托人将会采取必要的监督和保证措施，比如审计、规范控制系统、预算限制和激励制度等。

从内部控制产生和发展的历程可以看到，内部控制从一开始就是由于委托代理问题出现而产生的解决问题的一种机制。如果两权合一，就无须进行内部牵制、职责分离和相互监督。因此委托代理关系的存在催生了内部控制，也促进了内部控制的变迁。反过来，健全有效的内部控制将合理地解决委托代理关系中出现的问题，有利于公司目标的实现。

二、权变理论

权变理论是以具体情况具体应对的思想为基础发展起来的管理理论，兴起于 20 世纪 70 年代的美国。那个时期的美国正面临滞胀的打击，生产长时间下滑，生产要素（特别是石油）价格飞涨，科技发展停滞，很多企业破产，社会政治极不稳定。公司所处的内外部环境变化多端且极不确定。但以往的管理理论侧重于对企业内部的研究，而且试图追求最佳的管理模式。这些管理理论在当时的经济环境下显得十分苍白。人们开始意识到，公司随环境的变化采取相应的应对措施是解决当前管理困境的唯一正确思路，于是权变理论应运而生。

权变理论的主要观点是：由于每个组织内外部环境不同，因此不存在普适性和不变的管理方法。应将企业组织放在社会系统里，考虑环境变量和管理变量之间的函数关系（弗雷德·卢桑斯，1976），这样才能随着环境的变化相机决定管理方法和策略。环境变量应综合考虑内部和外部两个方面，特别是外部环境，它会对内部环境的各个组成部分产生影响。并且由于外部环境在不断变化，因此组织也应在变化的环境和组织之间不断地寻找平衡（弗莱蒙特·E·卡斯特和詹姆斯·E·罗森茨韦克，2000）。权变理论强调将企业组织作为一个开放系统，因此要处理好局部与整体的关系，在思考组织问题时，应树立系统的观念，绝对不可以"头痛医头，脚痛医脚"。

内部控制理论与实践是随着公司外部环境和内部环境的变化而不断向前发展的。随着外部环境不确定性的增强，内部控制日益成为一个开放的系统，组织对规范正式的内部控制的依赖程度越来越强，内部控制越来越受到外部利益相关者的关注。内部控制应在内外部因素共同作用的影响下，成为一个柔性的适应环境的自组织系统。

第四节 内部控制有效性的界定

关于内部控制有效性的概念界定，学术界主要侧重于能否合理保证内部控制目标的实现以及明确内部控制的内容。COSO 报告（1992）提到，如果公司董事会和管理层能够合理保证企业的经营目标得以实现、财务报表可靠、遵守相关法律和规章制度，则内部控制系统是有效的。COSO 委员会认为，"有效控制"取决于内部控制制度能够合理保证企业目标实现的程度，对内部控制有效性的评价和对内部控制的评价是完全相同的，包含内部控制制度设计的有效性和运行的有效性。关于内部控制的概念框架，最权威的当属美国 COSO 委员会发布的《企业风险管理——整合框架》（即 ERM 框架），该框架将全面风险管理定义为："一个由企业董事会、管理层和其他员工共同参与的，应用于企业战略制定和企业内部各个层次和部门的，用于识别可能对企业造成潜在影响的事项并在其风险偏好范围内管理风险的，为企业目标的实现提供合理保证的过程"。从这一框架可以看出，企业的内部控制系统应包括三个层面，第一个层面是企业的目标层，包括企业的战略目标、经营目标、报告目标和合规目标；第二个层面是全面风险管理要素，包括内部环境、目标设定、事件识别、风险评估、风险应对、控制活动、信息和交流、监控；第三个层面是企业机构设置的各个层级，包括企业管理层、各个职能部门、各业务线下属各个子公司。三个层面紧密相连，密不可分。实现企业的目标是最终目的，风险管理的八要素为企业目标所服务，企业机构的各个层级必须根据风险管理八要素进行风险管理，最终实现企业目标。

ERM 框架从公司治理理论入手，对内部控制的内涵进行了界定。内部控制涉及两个方面的问题：一是公司所有者和经营者之间的权利制衡，所有者如何实现对经营者的控制，所有者通过一系列的制衡机制，实现对经营者的激励和约束，促使经营者科学决策，尽可能减少经营者的道德风险和逆向选择；二是业务经理层对一般员工的控制，包括对业务过程中的资金流、业务流、信息流和人工流进行监控，不断提高管理效益和效率，实现既定目标。

国际最高审计机构组织（International Organization of Supreme Audit Institutions，INTOSAI）认为，有效的内部控制必须符合适时适量、成本效益和功能设计一致性三个标准。张宜霞（2008）将内部控制有效性界定为"企业的内部控制为相关目标的实现提供的保证程度"，认为有效的内部控制应能够为相关目标的实现提供合理保证，这是两个相关但不相同的概念，并且如果将内部控制有效性和相关目标联系起来，就是一个期间的概念，内部控制有效性应该是整个内部控制系统在整个期间内的有效性。

毕马威（1999）认为，内部控制有效性应该包括设计有效性和执行有效性两个层面，如果要提高内部控制有效性，其中一个不可或缺的环节就是持续监督。这一结论也得到一些学者的肯定，如 Tommie Singleton（2002）认为，为保证公司政策的充分合理，必须构建一个有效的内部控制环境，与此同时，如果要保证企业目标的实现，一个有效的监督报告系统也是必需的。

刘明辉和张宜霞（2000）根据新制度经济学的观点，分析了内部控制的内涵和内部控制对外部环境的影响。郑钧和林钟高（2007）以契约理论为出发点，认为内部控制具有契约属性，从契约的本质来看，内部控制是企业理性的契约各方共同建立的控制体系，是以实现协调经济活动，保证其有序有效运行为目标的控制体系。

企业内部控制有效性是为内部控制目标实现程度提供的可靠保证，从系统论的角度讲，内部控制有效性应包含多个维度。从整体运行效果看，内部控制有效性是为企业整体控制目标提供的合理保证；从子目标的角度看，内部控制有效性是为各个子目标的实现提供的合理保证。因此，本书将内部控制有效性分为两个维度的有效性：整体目标的实现程度和子目标的实现程度。本书沿用 2008 年财政部等五部委颁布的《企业内部控制基本规范》中对内部控制目标的表述，即"合理保证企业经营管理合法合规、资产安全、财务报告及相关信息真实完整，提高经营效率和效果，促进企业实现发展战略"，将内部控制整体目标分为五个子目标。

第五节　公司治理和内部控制的联系

公司治理与内部控制之间既有联系，又有区别。其区别体现在以下几个方面。首先，公司治理与内部控制的构成要素不同。公司治理包括内部公司治理和外部公司治理：内部公司治理主要针对企业内部权利与责任的划分；外部公司治理主要是企业所处的外部环境。内部控制主要由管理制度和会计制度两个层面以及内部环境、目标设定、事项识别、风险评估、风险应对、控制活动、信息与沟通、监控八大要素组成。其次，公司治理和内部控制的结构不同。公司治理是由两个线性结构，即内部公司治理和外部公司治理组成；内部控制则是一个塔形结构，监督处于塔尖，控制环境处于塔基，风险评估和控制活动是塔身。最后，公司治理与内部控制的内容侧重点不同。公司治理的内容更注重对企业整体的把握，包括权责划分以及企业所处的外部环境；内部控制的内容则更注重对企业内部具体经营及生产活动的管理。

公司治理与内部控制的内容又存在一定的联系。首先，内部控制的内容可以看作公司治理内容中关于生产经营方面的延伸和具体化。健全的公司治理是内部控制有效运行的保证，内部控制处于公司治理设定的大环境之下，公司治理是内部控制的制度环境。只有在完善的公司治理环境中，一个良好的内部控制系统才能真正发挥作用，提高企业的经营效率和效果，并加强信息披露的真实性。其次，公司治理中的一些内容也属于内部控制。如组织规划控制实际包括两个层面：一是公司内部治理结构即股东大会、董事会、监事会、经理等之间的组织规划；二是经理领导的内部管理机构、岗位和人员之间的组织规划。

所有者与经营者利益不一致产生的代理成本是现代公司治理的难点，而效率经营和战略控制是公司管理的重点。代理理论研究风险分担、最优契约安排以及激励机制、监督约束机制，目的是降低代理成本。公司治理效率在于能否有效化解分歧、凝聚力量、降低各利益相关者的治理成本并在公司价值增值中获得相应的回报，实现科学决策。公司治理从治理机构设置、权责配置等方面确定股东会、董事会或监事会、经理层等不同权力主体之间的关系，由此形成不同的权力边界。分权与制衡的治理结构注重股东会、董事会或监事会、经理层之间的制衡，针对不同的权力主体确立控制权，建立运行机制。经济合作与发展组织1999年发布《公司治理原则》（2004年修订），强调董事会对公司的战略性指导和监督，董事会需要实施风险评估、财务控制等。理性的治理主体追求治理效率，而理性的经营者追求经营效率。安然、世通和施乐等世界知名大公司的财务丑闻给广大投资者带来了严重的打击，也暴露了企业内部控制存在的问题，说明公司治理与内部控制的关系越来越密切，出现了融合的趋势。关于公司治理与内部控制的关系，主要有以下两种不同的观点：

一是环境论。这种观点将公司治理看作内部控制的环境因素，认为内部控制框架与公司治理机制是内部管理监控系统与制度环境的关系，公司的管理系统自下而上囊括了内部控制、公司治理、监管；内部控制与公司治理是两个不同的层面，董事会与经理层之间分工授权，但它们之间要实现对接或衔接。公司治理既强调激励又重视制衡，针对财务报告的可靠性、法律法规的遵循建立治理结构与机制；内部控制针对战略实施、经营活动、日常财务活动，强调规范化操作和约束，在经营活动、财务活动的控制与保证经营的效率和资产安全完整等方面实现对接。

二是嵌合论。最新的观点认为两者是"你中有我，我中有你"的相互包含关系，内部控制包含了内部治理和经营控制、日常财务控制等；认为风险管理框架是一个由企业董事会、管理层和其他人员实施的用于制定战略的程序，贯穿企业内部的所有层级和单位，识别风险并对风险进行管理，将其限制在风险偏好范围之内，为达到企业目标提供合理保障。内部控制和公司治理结构互相依赖，具有内在结构上的对应与一致性。从契约理论来看，现代公司是一系列不完全契约的联结体，契约控制着公司发生的各种交易，使得由公司组织这些交易的成本低于由市场组织这些交易的成本。为了节约交易成本，公司内的不完全契约常常采取关系契约的形式，而公司治理结构、公司章程甚至公司法等实际上就是这种契约关系的体现。为了保证关系契约的有效性，在公司具体的生产经营过程中需要根据契约当事人在不同情况下的权利与义务关系制定不同的补充契约来明确这些权利与义务关系。从不完全契约的角度分析，如果公司治理是一种关系契约，那么内部控制就是一种补充契约，旨在弥补关系契约的不完全性，确保公司取得比较优势。由此可见，公司治理结构与内部控制本质上存在一种天然的互动关系。公司治理与内部控制目前正处于融合过程中，两者的交叉部分是监督、信息传递、权责分配，治理主体评价内部控制运行效果，经营者有责任向治理机关报告内部控制的执行情况。该交叉区域的大小由所有权结构和治理结构的特点决定，所有权与经营权合一时，治理结构与内部控制趋于合一。以内部治理为主的公司，股东和股东会、董事会是监控主体，因而交叉区域较大；两权分离或以外部治理为主的公司，主要通过外部治理机制发挥作用，经营者是控制主体，因而交叉区域较小。

因此本书认为，公司治理和内部控制具有以下三种联系：

（1）公司治理构成了内部控制的主要控制环境。企业是一系列契约的联结，这一系列的契约关系包括资本所有者、土地所有者、经营管理者、工程技术人员、体力劳动者、设备供应者等。委托代理关系的存在产生了代理问题。公司治理和内部控制在代理问题的解决中都起着重要作用，只是二者用于解决的代理问题的层次不同。

由于所有权与经营权的分离，作为所有者的股东，解决的是管理层与其下属之间的管理控制关系。换言之，内部控制是公司治理在解决了股东、董事会、经理层及监事会之间的责权利划分问题之后，董事会和经理层为了保证受托责任的顺利履行而做出的主要面向次级管理人员和员工的控制，是对公司内部的委托代理关系所实施的监督。它是管理者对生产经营全过程的控制，分布于企业的各种作业之中，是企业经营过程的一部分，并与企业的经营过程结合在一起，对决策权力机构设定的目标的达成过程进行持续的监督，以保证其实现。

公司治理构成了内部控制的主要控制环境，从另一个角度来说，作为内部控制五要素之一的控制环境，更多地体现在公司治理机制上。因此，内部控制与公司治理的基本关系是内部管理监控系统与制度环境的关系，适当的公司治理结构是有效实施内部控制的基础。

（2）公司治理的演进推动了内部控制的发展。从内部控制的目标和内容的演进过程来看，现代企业制度下的内部控制已不是传统的查弊和纠错，而是涉及企业的各个方面，成为公司控制权结构的具体体现，这一点与企业组织形式的演化及治理结构的发展相一致。在独资企业中不存在现代意义上的内部控制制度，只有为了保护业主资产安全而设置的内部牵制措施。

在我国，内部控制外延的拓展正是由于公司治理机制的变化所致。在计划经济体制下，经营管理人员缺乏自主权，会计人员的国家工作人员身份决定着内部控制的目的在于保证会计信息的真实性和国有资产的安全性。在现代企业制度的公司治理机制下，公司是自负盈亏、自我完善、自我发展、自我消亡的经济组织，以管理监控为己任的内部控制的目的必须拓展到保证公司政策的贯彻和公司管理目标的实现上。内部控制在公司制度安排中担任内部管理监控的角色，成为公司管理中不可或缺的部分。

（3）良好的内部控制是完善公司治理的重要保证。良好的内部控制是实现企业各利益相关者之间制衡关系的重要手段。股东大会、董事会、监事会、债权人、工会等是代表各利益相关方的权力机构，它们之间权力的制衡构成了公司治理的重要内容，良好的内部控制是实现制衡的重要手段。董事、经理的选择都建立在会计信息的基础上。无论是大股东还是主要依赖于"用脚投票"的中小股东，会计信息都是实现其对经营者有效控制的工具。有效的内部控制可以规范会计行为，使真实、公允的信息的产生成为可能，有利于所有者正确评价经营者受托责任的完成情况，减少代理人的偷懒行为，降低代理成本。健全的内部控制也有利于保护投资者和其他利益相关者的利益。

综上所述，内部控制与公司治理之间既存在差异，又相互影响、相互促进。目前，我国企业（包括上市公司）内部控制乏力和公司治理不完善是两个突出的问题。建立健全公司治理机制，保护投资者尤其是中小股东利益是当前资本市场发展的重要问题；而加强内部控制制度建设，保证内部控制制度的运行，是解决企业效率低下、会计信息失真的关键所在。因此，在完善公司治理的同时，应当建立健全内部控制，以提高经营效率，防止舞弊行为。尤其应当加强权责分派和授权控制，推行内部报告、内部审计和预算控制制度，促进公司治理的实施与完善。加强和完善企业内部控制，应从完善公司治理出发，完善企业内部控制环境，防止少数人操纵公司财务报告系统。

第六节 企业风险的界定

在对企业风险进行界定之前，本书在第二章通过对相关文献的回顾，认为风险对应的不仅是损失，而且是对预期结果的任何偏离，将风险定义为"某一事件所导致的对预期结果的偏离，风险大小一方面体现了对预期结果的偏离程度，另一方面体现了结果发生的可能性"，这是对风险广义的定义，不仅包括了负面影响的可能性及概率，也包括了对预期结果向正面偏离的可能性及概率。从中我们可以总结出风险的几个特性：一是结果的不确定性；二是虽然结果可能是损失，也可能是收益，但更令人关注的是损失；三是客观存在性，在某种程度上可以运用概率论和统计学工具；四是风险评估的过程受到主观因素的影响。接下来，我们将通过风险构成对企业风险进行界定。

一、风险的构成

一般认为，风险由三个基本要素构成，分别是风险因素、风险事故和损失。三者共同作用，同时影响着风险产生和发展的过程。对风险构成的深入剖析有助于我们把握风险的本质。

风险因素又被称为风险隐患或者风险条件，指的是引起风险事故发生的条件、增加风险事故发生概率的原因，以及风险事故发生之后致使损失加剧的因素。风险因素的存在只是风险事故发生的先决条件，并不一定导致风险事故的发生；而风险事故发生时，必定有相应的风险因素存在。用数学语言来说，风险因素是风险事故的必要条件。

风险因素通常分为三类，分别是实质性风险因素、道德性风险因素和心理性风险因素。

实质性风险因素是一种有形因素，指的是某一标的物本身具有的，容易致使损失扩大或增加损失发生概率的客观条件和原因。例如汽车的制动系统质量不高、轮胎摩擦系数过低、安全气囊数量不足，等等，都属于车祸的实质性风险因素，前两个因素增加了发生车祸的概率，第三个因素在车祸发生时会造成损失加剧。

道德性风险因素是一种与人的道德品质有关的无形因素，是指由于个人的不良企图及恶意行为，致使风险事故发生或损失扩大的原因和条件。例如贪污、造假、盗窃、为了得到赔偿金而制造事故，等等。

心理性风险因素也是一种无形因素，与人的心理状态有关，指的是人们由于疏忽大意或者心存侥幸，致使风险事故发生的机会增加和损失扩大的因素。例如，出门时忘记关闭煤气和电器设备，购买车险后放松了驾车时的警惕，等等。

有学者将后两种因素统称为非实质性因素或人为因素，这样风险因素就被分为两类：实质性因素和人为因素。通俗地讲，可以说是"天灾"和"人祸"。

风险事故是直接引起损失发生的意外事件，通常是显性的，是人们看得见、摸得着的风险事件，例如火灾、车祸、盗窃等。

它是风险隐患变成现实的体现，并直接导致损失的发生。

损失是指非计划、非故意和非预期的经济价值减少或人身伤害。这里强调"非计划、非故意和非预期"，是因为这是风险损失独有的特征，以便与其他造成经济价值减少的行为相区别。虽然诸如固定资产折旧、捐赠这样的行为都会导致经济价值的减少，但这不是损失，因为它们是有计划、故意和预期的。

损失又分为直接损失和间接损失。直接损失是风险事故本身直接造成的有形的、实质性的损失，比如厂房失火造成建筑物、机器、原材料等固定资产的损失。间接损失是由于直接损失导致的无形损失，包括利润的减少和恢复原状的投入等，例如厂房失火后停产造成的收入损失、为了修复厂房和机器而发生的额外费用等。

综合以上的分析可知，风险是风险因素、风险事故和损失三个要素的结合体，三者之间的关系如图 3-1 所示。

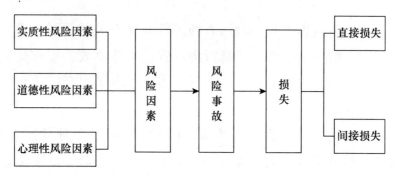

图 3-1　风险的要素组成及关系

二、风险的分类

分类是进行研究工作的有力工具，可以帮助我们系统、全面地理解研究对象，同时兼顾细节，做到提纲挈领、点面结合。例如，庞大的生物学理论所做的主要工作就是分类。同样，对风险进行分类也很有必要，它一方面可以让我们加深对风险的了解，另一方面可以针对不同的风险采取不同的管理措施、提高风险管理的适用性。

对风险的分类方法比较多，依据不同的标准以及针对不同的领域，可以产生不同的划分。企业面临的风险通常包括以下八类：

（1）战略风险。战略风险影响组织的中期目标，管理责任属于公司的风险管理委员会（RMC）。战略风险主要来源于政治、经济、社会和顾客。来自政治的风险主要是政府政策未能贯彻执行的风险；来自经济的风险主要是受到经济变化的牵连（如通货膨胀、利率变动等）；来自社会的风险主要是未能适应人口、居住环境或其他社会领域的变化趋势，或未能将这些变化反映到组织目标中；来自顾客的风险主要是未能满足客户当前和不断变化的需求。

（2）经营风险，指组织的管理人员和工作人员在日常工作中遇到的风险。经营风险来源于以下方面：一是市场竞争风险，主要指企业面对的产品市场和要素市场上，供需状况和价格的变化给企业经营活动带来的不确定性。对市场风险的识别和评估比较困难，要求企业具有一定的前瞻性。二是物理安全风险，主要指与消防、安保、突发事件预防，健康和安全相关的危险（例如，建筑物、汽车、工厂和设备的物理安全）。三是合同与契约风险，主要指承包商未能按照约定的时间、成本和标准提供服务或产品。

（3）财务风险，指失败的财务规划和预算控制、资金短缺、管理不善、不准确或不充分的财务监测和报告。财务风险主要包括四个方面的内容：第一，筹资风险，即企业由于借入资金而增加的收益的不确定性和偿债能力丧失的可能性；第二，投资风险，即企业投资于项目或证券的收益偏离其目标的可能性；第三，信用风险，即企业的应收账款得不到回收的风险；第四，收益分配风险，即公司在分配实现的净利润时，存在分配给投资者或者留存企业内部这两种此消彼长的方式，这种分配的选择和权衡可能会对企业本来的经营活动产生一定的不利影响。

（4）声誉风险，与媒体报道的和可能损害组织声誉的任何作为或不作为密切相关，是企业生产经营以及其他相关的负面信息曝光的风险，一旦发生，会对企业的生产以及企业价值产生重大影响。

（5）信息技术风险，主要包括技术风险和物理设备风险。技术风险主要是指系统处理速度和处理能力不足，或利用技术满足不断变化的业务需求能力不足，还可能包括内在技术故障导致的后果。物理设备风险主要是指电子设备、电话、机械等设备故障风险。

（6）合规风险，主要包括法律风险、环境风险和法规风险。法律风险指没有遵循或违反国家或国际法律；环境风险指未能充分评估组织行为的环境后果（例如能源效率、污染、回收利用、排放、土地使用等）；法规风险指违反行政法规。

（7）人力资源风险，主要包括专业风险和员工管理风险。专业风险指缺乏专业技术人才，不关心员工福利，缺乏职业发展规划等，具体包括企业高层管理人员及核心岗位人员的道德水平和职业操守，企业员工对工作的胜任能力，员工团队合作的状况及企业文化环境；员工管理风险指关键人员流失的风险。

（8）与披露相关的风险，主要包括审计风险和信息披露风险。财务报表是企业经营活动的记录和反映，对于财务报表的审计相当于对企业经营活动的最后一道把关和审查。而这道把关的过程本身也是有风险的，即审计风险。对于审计风险，中国注册会计师协会的定义为："所谓审计风险是指会计报表存在重大错误或漏报，而注册会计师审计后发表不恰当审计意见的可能性。"

信息披露风险是指企业在信息披露过程中因操作不当而给企业带来不利影响的可能性。比如应当披露的信息没有披露，或者应当保密的信息反而传播出去，这样的事件会对企业的声誉产生极大的损害。对于上市公司，信息披露与股价息息相关，不当的信息流传更容易导致公司的股价大幅波动。

基于以上对风险的分析和本书的研究目的，本书考察的主要是企业相关的经营风险和财务风险。经营风险是指对企业目标实现发生偏离的某一业务事件发生的可能性；财务风险是指对企业目标实现发生偏离的某一财务事件发生的可能性。

第七节　本章小结

在进行相关研究之前，本章在国内外研究现状的基础上，对公司治理、内部控制、公司治理以及内部控制之间的关系和企业风险进行了界定。

（1）关于公司治理，本书认为公司治理机制充分发挥作用的前提是存在合理的公司治理结构。根据广义的公司治理的内涵，公司治理结构包括内部治理与外部治理两个方面，内部治理是基于正式的制度安排，外部治理则建立在非正式的制度安排基础之上，而这些正式与非正式的制度安排的意义就在于保证利益相关者之间的权力制衡及公司重大战略决策的科学性。因而公司治理可以定义为"为保证利益相关者之间权力制衡及公司重大战略决策科学性而建立的一系列正式与非正式的制度安排，公司治理可以分为公司内部治理和公司外部治理"。

公司内部治理是公司治理最核心的问题。这一问题包括两个主要方面：一是股东与公司经理层之间的关系；二是控股股东与一般股东之间的关系。因此，本书将公司内部治理分为股东层面的内部治理和董事会层面的内部治理。

公司外部治理是以竞争为主线的外在制度安排，主要研究法律监管、公平的竞争环境、充分的信息机制、客观的市场评价以及优胜劣汰机制，还包括政府和社区对公司所进行的治理。基于对公司外部治理机制的分析，本书结合研究的需要，主要考察的公司外部治理机制包括市场化程度、法律制度的完善程度、政府干预水平、注册会计师外部审计和媒体监督机制。

（2）关于内部控制，通过对内部控制概念的发展进行分析，本书将内部控制界定为"内部控制是将企业内部资金、人员、技术、信息和文化等整合起来，为实现企业目标，通过分析、计划、执行和评价反馈等程序将内部控制各个要素耦合在一起，从识别企业经营过程中的关键风险点、制定风险管理策略，到评价内部控制效率和效果，最终反馈给利益相关者，体现了信息的获取、加工、处理和传递过程"。

（3）关于内部控制有效性的概念界定，学术界主要侧重于能否合理保证内部控制目标的实现以及明确内部控制的内容。本书将内部控制有效性分为两个维度的有效性：整体目标的实现程度和子目标的实现程度。本书沿用 2008 年财政部等五部委颁布的《企业内部控制基本规范》中对内部控制目标的表述"合理保证企业经营管理合法合规、资产安全、财务报告及相关信息真实完整，提高经营效率和效果，促进企业实现发展战略"，将内部控制的整体目标分为五个子目标。

（4）内部控制与公司治理之间既存在差异，又相互影响、相互促进。本书认为，公司治理和内部控制具有以下三种联系：公司治理构成了内部控制的主要控制环境；公司治理的演进推动了内部控制的发展；良好的内部控制是完善公司治理的重要保证。建立健全公司治理机制，保护投资者尤其是中小股东利益是当前资本市场发展的重要问题；而加强内部控制制度建设，保证内部控制制度的运行，是解决企业效率低下、会计信息失真的关键所在。因此，在完善公司治理的同时，应当建立健全内部控制，以提高经营效率，防止舞弊行为。尤其应当加强权责分派和授权控制，推行内部报告、内部审计和预算控制制度，促进公司治理的实施与完善。加强和完善企业内部控制，应从完善公司治理出发，完善企业内部控制环境，防止少数人操纵公司财务报告系统。

（5）一般认为，风险由三个基本要素构成，分别是风险因素、风险事故和损失。风险因素通常分为三类，分别是实质性风险因素、道德性风险因素和心理性风险因素。风险事故是直接引起损失发生的意外事件，是风险隐患变成现实的体现，并直接导致损失的发生。损失是指非计划、非故意和非预期的经济价值减少或人身伤害。基于以上对风险的分析和本书的研究目的，本书考察的主要是企业相关的经营风险和财务风险。经营风险是指对企业目标实现发生偏离的某一业务事件发生的可能性；财务风险是指对企业目标实现发生偏离的某一财务事件发生的可能性。

第四章

内部控制有效性评价研究

内部控制作为一个整合系统，是将企业内部资金、人员、技术、信息和文化等整合在一起的一种制度安排；内部控制是一种控制机制，为实现企业目标，通过分析、计划、执行和评价反馈等程序将内部控制各个要素耦合在一起。伴随着内部控制理论的不断发展完善，内部控制的相关研究也在逐步深入。内部控制有效性是内部控制相关研究的核心问题，而在厘清内部控制有效性的含义的前提下，如何科学地评价内部控制有效性是一个值得深入研究的问题。

第一节　内部控制有效性评价指标体系的理论构建——

企业内部控制系统的建立和实施，是以内部控制目标为导向，并以完善企业内部治理结构和内部控制环境为前提，以相关法规和制度为基本依据和准绳构建的。其基本框架是以内部控制的组织规划为前提和保证，以业务流程控制为主线，以确定业务循环的关键控制点、制定业务基本流程和相关制度为内容。因此，内部控制有效性评价既可以从企业管理与控制目标方面来衡量，也可以根据内部控制要素来认定。

一、构建内部控制有效性评价指标体系的原则

评价指标体系是一组既独立又相互关联，同时能比较完整地表达评价要求的指标，评价指标体系的构建应根据内部控制的特点，遵循完整性、合理性和有效性的原则，尽量从公开可得的信息中获取。具体原则如下：

（1）完整性原则。完整性具有两层含义：一是形式的完整性，即企业根据生产经营的需要，已经建立了必要的内部控制制度；二是实质的完整性，即内部控制包含了对生产经营活动整个过程的控制。完整性是内部控制评价应遵循的首要原则，是其他原则的基础。若内部控制制度不能满足完整性的要求，其他的要求就无从谈起。在企业的管理实践中，应针对企业具体业务的要求，对企业内部控制的完整性进行检查，包括管理和会计制度是否完善，企业内部控制制度及其范围、采取的控制方式、关键的控制点和相应措施是否建立齐全，所有的控制目标是否达到等。

（2）合理性原则。合理性也具有两层含义，包括内部控制设计和执行时的适用性和经济性。企业经营过程中不仅需要完整的内部控制措施和方法，还需要考虑设计和执行中的适用性和经济性。在对内部控制的合理性进行评价时，应首先考虑适用性，即需要考察企业所建立的内部控制制度是否与企业的特点和要求相匹配。不同的企业在企业性质、经营方式、组织规模、经济技术条件、内部结构、人员素质等方面都存在差异，因此内部控制制度不尽相同。即使是同一企业，在不同时期、不同环境下，其内部控制制度也不尽相同。因此，内部控制制度的建立应该考虑企业的特点，符合企业的发展要求。内部控制系统作为企业管理系统的一个子系统，其控制目标必然要服从企业管理的总目标。内

部控制系统还必须与其他管理系统形成一种相互制约、协调运行的关系，以保证自身的合理运行。评价内部控制的适用性还需要考虑经济性。实施内部控制，最终是为了提高企业的经济效益，减少效率低下和投资浪费的现象，因此在建立内部控制制度时，需要考虑成本效益原则。一方面，应对企业重要部门和关键环节实施强有力的控制；另一方面，要在成本和效益之间保持适当的平衡，实施内部控制的成本不能超过获得的收益。

（3）有效性原则。有效性是内部控制评价的精髓，内部控制的有效性也具有两层含义：第一，企业的内部控制制度不能违反国家法律法规；第二，内部控制设计合理完整，内部控制制度能够有效执行，以实现提高经营效率，提供可靠财务报告和为遵循法律法规提供合理保证的目标。在评价内部控制有效性时，需要先满足第一层含义才能评价其执行的效果，而第二层含义同时也是企业的目标，如果只满足了合法合规的目标，但执行出现差错，内部控制制度对企业来说也是形同虚设。因此，内部控制有效性的评价标准包括：企业员工具备掌控各个控制点的素质和能力，业务处理与激励程序正确，各种控制方法和措施都已经采用，没有重大遗漏和缺陷，所有控制目标都已经达到。内部控制要互相协调，推动内部控制整体功能的发挥。采用的控制措施应遵循适度原则，太严的措施会损害职工积极性，使管理活动失去生机，太宽则会影响制度运行，达不到实行内部控制的目的。

二、内部控制有效性的评价维度

目前在对内部控制有效性进行评价时，往往采用建立综合评价指标的方式，当前学术界主要有四种思路：一是通过分析企业业务流程，找出每个关键控制点，对每一控制点的主要控制措施的有效性进行测试，根据测试结果对企业整体内部控制有效性进行评价（王立勇，2004；戴彦，2006；于增彪等，2007；南京大学会计与财务研究院课题组，2010）；二是根据内部控制要素，评价内部控制要素的完备性和运行效果（张谏忠和吴轶伦，2005；骆良彬和王河流，2008；陈汉文，2010；张先治等，2011）；三是围绕内部控制目标的实现程度，根据五个目标选取评价指标，建立综合评价指标（Leone，2007；王宏等，2011；张兆国等，2011）；四是根据内部控制信息披露情况，将企业自愿披露的内部控制缺陷和审计师对内部控制报告的审核意见等作为内部控制有效性的评价指标（Botosan，1997；迪博风险管理技术企业，2008—2011）。

第一种思路强调对内部控制运行情况进行评价，没有考虑对执行后的效果进行评价，并且该思路过程较为烦琐，偏重主观评价，是否满足成本效益原则值得商榷；第二种思路主要针对内部控制要素进行评价，但其对要素的评价结果能否反映内部控制系统整体有效性值得怀疑，而且该思路对要素执行效果进行评价也侧重于主观评价，人为评价误差难以避免，最终会影响到评价结论的客观性；第三种思路是针对内部控制目标的实现程度进行评价，尽可能将评价过程量化，增强了企业间的可比性，便于具体操作，但需要对具体评价指标进行慎重选择，应针对具体子目标，根据成本效益原则和数据公开可得的原则，选择尽可能多的指标从多个维度体现子目标的实现程度；第四种思路以内部控制信息的披露程度来替代内部控制有效性，有失偏颇。因此，本书拟采用第三种思路，根据内部控制目标的实现程度建立综合评价指标，在指标选取时，尽量选用上市公司公开披露的信息中包含的指标，保证评价结果的客观性。

基于对内部控制有效性评价的四种思路的回顾，本书认为，内部控制建设的目的，是为企业实现内部控制目标提供合理保证，这也为进一步进行内部控制有效性评价指明了方向。因此，以企业内部控制目标的实现程度作为内部控制有效性的评价标准比较合理。借鉴王宏等（2011）和张兆国等（2011）的方法，本书根据内部控制基本规范的五个目标，将内部控制目标划分为五个子维度：合法合规目标、资产安全目标、财务报告目标、经营目标和战略目标。根据《企业内部控制评价指引》规定的评价原则，即全面性、重要性和客观性，充分考虑数据的可得性以及成本效益原则，将以上五个内部控制目标进行指标化，建立两个层次的内部控制有效性评价指标体系。

三、内部控制有效性评价的指标选取

建立以内部控制目标为导向的内部控制有效性评价指标，在选择具体评价指标时，应围绕内部控制五个子目标进行，具体见表 4-1。

表 4-1　　　　　　　　　　内部控制评价指标体系

评价指标		指标说明
合法合规目标（IC_1）	罚款支出（IC_{11}）	受司法行政部门罚款的支出
	违约支出（IC_{12}）	合同的违约支出
	是否存在违法行为（IC_{13}）	是否被监管部门处分，是为 1，否为 0
	是否存在被动诉讼（IC_{14}）	企业是否被其他个人或企业提起诉讼，是为 1，否为 0
资产安全目标（IC_2）	资产日常损失（IC_{21}）	存货和固定资产的日常损毁价值
	资产减值损失（IC_{22}）	资产减值损失总额除以年末资产总额
	关联方对资金的占用（IC_{23}）	年末其他应收款余额除以年末资产总额
	对外担保（IC_{24}）	对外担保资金总额除以年末所有者权益总额

续表

评价指标		指标说明
财务报告目标（IC$_3$）	盈余管理程度（IC$_{31}$）	根据修正的琼斯模型估计非正常应计数（Jones, 1991）
	财务报表的审计意见（IC$_{32}$）	根据 CPA 审计意见，标准无保留意见为 1，其他为 0
	是否发生财务重述（IC$_{33}$）	根据当年是否发生财务重述，发生为 0，没有发生为 1
	是否发生会计舞弊（IC$_{34}$）	根据监管部门或媒体披露的信息，发生为 0，没有发生为 1
经营目标（IC$_4$）	存货周转率（IC$_{41}$）	年度营业成本除以存货平均余额
	应收账款周转率（IC$_{42}$）	年度营业收入除以应收账款平均余额
	总资产周转率（IC$_{43}$）	年度营业收入除以总资产平均余额
	营业利润率（IC$_{44}$）	年度营业利润总额除以年度营业收入总额
	净资产收益率（IC$_{45}$）	年度净利润总额除以净资产总额
	净利润现金含量（IC$_{46}$）	年度经营活动现金流量净额除以年度净利润总额
	投资资本回报率（IC$_{47}$）	息税前经营利润率乘以投资资本周转率
战略目标（IC$_5$）	市场份额（IC$_{51}$）	企业销售额除以行业销售总额
	销售增长率（IC$_{52}$）	营业收入增加额除以上年营业收入
	可持续增长率（IC$_{53}$）	当期所有者权益增加额除以期初所有者权益
	长期资产适合率（IC$_{54}$）	（年末所有者权益＋年末长期负债）/（年末固定资产净额＋年末长期资产、无形资产净额）
	Tobin Q 值（IC$_{55}$）	（年末股票市值＋年末净债务）/年末有形资产价值总额

合法合规目标体现企业经营管理是否违反法律法规，强调企业在法律允许的经营范围内开展经营活动，没有违法违规行为。上市公司或高管的违法违规行为说明企业行为违反合法合规目标，而这些行为会导致内部控制体系失效。如果公司存在法律诉讼，则会导致重大的财务风险和声誉风险。诉讼事件分主动诉讼

和被动诉讼，主动诉讼是企业维护自身的权益引起的，有助于提高内部控制有效性，被动诉讼则表明企业经营失效，内部控制存在缺陷，因此应将企业存在的被诉事项也作为合法合规目标的指标。总之，根据对企业经营状况的分析，本章选择受司法行政部门罚款的支出、企业的违约支出、是否存在违法违规行为和是否存在被动诉讼作为衡量合法合规目标实现程度的指标。

资产安全目标是为了保证企业资产完整，减少资产的流失。资产安全是有效的内部控制最主要的特征，企业应通过内部控制实现资源的优化配置，不断提高资产的使用效率，达到资产保值增值的目的。因此本章选择资产日常损失、资产减值损失、关联方对资金的占有和对外担保等指标来衡量资产安全目标的实现程度。

财务报告目标是内部控制最基本的目标。有效的内部控制应合理保证财务报告及相关信息的真实完整。财务报告及相关信息应能够反映企业的真实经营业绩，不存在误导利益相关者的虚假信息。因此本章选择盈余管理程度、财务报告的审计意见、是否发生财务重述、是否发生重大财务舞弊等指标来衡量财务报告目标的实现。

经营目标是内部控制的一个重要目标。内部控制本身不是目标，而是为了实现控制目标的一个过程。通过有效的内部控制，可以帮助企业识别潜在风险事项，采用有效措施降低风险，降低风险影响等，从而提高企业运营效率。因此本章选择存货周转率、应收账款周转率、总资产周转率、营业利润率、净资产收益率、净利润现金含量、投资资本回报率等指标来衡量经营目标的实现程度。

战略目标是企业的发展规划，是企业一定阶段实施战略的指导方针和愿景规划，是对企业一段时间经营活动的总体要求。企业战略目标的实现是内部控制的最高目标，企业的战略目标归根结底是对企业市场地位的确立以及经营业绩的要求，从而形成企业持久的竞争力。因此本章选择市场份额、销售增长率、可持续增长率、长期资产适合率、Tobin Q 值等指标来衡量战略目标的实现程度。

四、内部控制有效性评价指标的数值处理

根据以上建立的评价指标体系计算内部控制有效性评价得分时，还需要对选取的指标进行数值处理，并确定指标权重。

（1）指标正向化，即将逆向指标和适度指标转化为正向指标。不同评价指标往往具有不同的量纲，为了消除这一差异，应对指标进行无量纲处理。本书借鉴叶宗裕（2003）对原始数据正向化和无量纲化的处理方法，同时考虑不同行业的经营特点和内部控制方式都存在显著差异，不应采用同一标准，因此采用分行业的均值化处理方法来计算评价得分。具体方法如下：

关于指标正向化，许多学者采用取倒数的方法（如徐国祥等，2000），具体方法为：

$$x_i'=\frac{1}{|x_i-k|} \tag{4—1}$$

其中 k 取各单位该指标的平均值。这种方法将一些接近 k 的指标值之间的差距扩大，而远离 k 的指标值之间的差距缩小，不能反映指标原来的离散状况。

根据叶宗裕（2003）的方法，可以采用如下两种方式：

$$x_i'=\max_{1\leqslant i\leqslant n}\{x_i\}-x_i \text{ 或 } x_i'=-x_i \tag{4—2}$$

本书指标体系中的负向变量多为哑变量，因此采用第二种方式对指标进行正向化处理，这种变换没有改变指标的分布规律，比较合理。

（2）无量纲化处理。本章建立的指标体系中，不同的指标具有不同的量纲，因此需要进行无量纲化处理。无量纲化处理是一种通过数学变换来消除原始变量量纲影响的方法。目前的文献主要采用三种方法：极差正规化法、标准化法和均值化法。当指标体系指标比较多时，极差标准化法的两个值就可能影响到指标的权重，不太可取。而标准化法具有两面性，一方面消除了量纲和数量级的影响，另一方面也消除了各指标变异程度的差异，导致经标准化后的数据难以准确反映原始数据的特征，造成结果不准确。均值化方法就解决了这一问题。一般来说，当综合评价的指标值都是客观数据时，采用均值化方法对指标进行无量纲化处理，能较好地保留数据的变异程度；而当综合评价的指标值都是主观评价时，采用标准化方法较好，可以消除指标的变异程度。因此，本书采用均值化方法进行无量纲化处理。

（3）指标权重的计算。樊纲和王小鲁（2006）发现，当指标体系中含有较多的变量时，包含的信息比较充分，采用主成分分析法和算术平均法计算的结果比较相近，因此本书对无量纲化处理后的数据直接采用算术平均法计算变量的权重，计算得到内部控制有效性的总体得分，以此作为内部控制水平的替代变量。

第二节 内部控制有效性评价指标的实证研究

本章以内部控制目标为导向建立了内部控制有效性评价指标体系，经过理论构建之后，还需要进行实证检验。

一、样本选择与数据来源

本章选取 2009—2012 年我国沪市 A 股上市公司为研究样本，

并根据以下标准进行筛选：（1）剔除同时发行 A 股、B 股和 H 股的上市公司样本；（2）剔除金融类上市公司；（3）剔除资料不全的公司；（4）剔除 ST 公司。本章所使用的数据主要来自 CCER 经济金融数据库、国泰安数据库和迪博内部控制数据库，数据分析处理过程主要采用 STATA12.0 和 Excel 来完成。

二、实证分析

（1）描述性统计。表 4-2 是分年度对内部控制有效性评价指标的得分进行的描述性统计，从表中可以看到，2010 年的内部控制得分与 2009 年相比，整体水平有了很大提高，这与当年财政部等五部委联合发布一系列的企业内部控制评价体系规范具有一定关系，五部委联合发文，向资本市场传递了强化内部控制的有力信号，促使各公司加强了内部控制建设，有力地保障了内部控制有效性目标的实现。同时我们也发现，在随后的 2011 年，内部控制指标得分的均值有所降低，标准差却呈现持续增加的趋势，这一方面表明不同公司间依旧存在较大差异，并且这个差异程度在增加，另一方面也可能是由于内部控制评价体系 2011 年率先在国内外同时上市的公司实施，而在本章的研究中为了消除不同上市地所面临的监管差异影响，恰好剔除了这些公司，这也会对结果产生一定影响。随着 2012 年实施范围的逐渐扩大，内部控制有效性整体水平呈现上升趋势，而标准差却变小了，说明企业间的内部控制差异在逐渐减小。

表 4-2　　　　分年度内部控制有效性评价指标的描述性统计

年度	样本量	均值	标准差	最小值	最大值
2009	590	58.39	3.85	14.15	76.31
2010	596	59.44	4.23	38.76	98.83
2011	599	58.49	4.41	28.57	88.97
2012	610	58.91	4.32	29.73	91.32

（2）可靠性检验。为了验证本章所建立的内部控制指标体系的可靠性，我们将本章建立的指标体系得分（IC）与迪博数据库中披露的内部控制信息披露指数（ICD）和内部控制指标得分（ICO）进行相关性分析，结果如表 4-3 所示。结果表明，本章所建立的指标体系（IC）与迪博数据库中所披露的内部控制信息披露指数（ICD）和内部控制评价指数（ICO）的相关系数均在 1% 的水平上显著为正，相关系数从 0.08 到 0.4 不等，这一方面说明这三个指数的指向一致，另一方面说明这三个指数能从不同维度反映企业内部控制有效性水平。通过相关性分析我们发现：以目标为导向建立的指标体系和内部控制信息披露显著相关，能较好地体现企业内部控制有效性水平。本章所建立的指标体系从多个维度度量内部控制各个子目标的实现程度，可靠性较好，接下来的实证部分采用本章建立的指标体系来度量内部控制有效性。

表 4-3　　　　　　　内部控制评价指标的相关性分析

变量名称	IC	ICD	ICO
IC		0.083 6***	0.432 7***
ICD	0.113 0***		0.207 4***
ICO	0.425 5***	0.186 8***	

*** 表示 1% 的水平显著；下三角部分是 Pearson 相关系数，上三角部分为 Spearman 相关系数。

第三节　本章小结

（1）本章主要是为了解决对内部控制有效性进行评价的问题。内部控制有效性评价的原则包括内部控制的完整性、合理性和有效性，本章以我国 2010 年发布的内部控制规范体系作为内部控制评价的标准，以内部控制目标的实现程度来衡量内部控制有效性。

（2）本章根据内部控制目标的实现程度，对内部控制进行评价，根据《企业内部控制评价指引》要求的全面性、重要性和客观性的原则，充分考虑数据的可得性以及成本效益原则，将内部控制五个子目标进行量化，建立了两个层次的内部控制有效性评价指标体系，并对指标体系进行了无量纲化处理。

（3）已有文献研究发现，当指标体系中含有较多的变量时，包含的信息比较充分，采用主成分分析法和算术平均法计算的结果比较相近，因此本章将无量纲化处理后的数据直接采用算术平均法计算变量的权重，计算出内部控制有效性的总体得分，以此作为内部控制水平的替代变量。

（4）为检验评价指标的可靠性，本章将指标体系得分（IC）与迪博数据库中披露的内部控制信息披露指数（ICD）和内部控制指标得分（ICO）进行相关性分析。结果表明，以目标为导向建立的指标体系和内部控制信息披露显著相关，能较好地体现企业内部控制有效性水平。本章所建立的指标体系从多个维度度量内部控制各个子目标的实现程度，可靠性较好，且实证部分都采用本章建立的指标体系来度量内部控制有效性水平。

第五章

公司外部治理影响内部
控制有效性的实证分析

内部控制有效性是指内部控制实现其目标的效果。这一效果要受到企业内外诸多因素的影响和制约。这是 2002 年美国颁布《萨班斯法案》以来，在内部控制研究领域颇受中外学术界关注的一个重要方面。本章通过对近 10 年国外三大顶级期刊（*Accounting Review*，*Journal of Accounting Research*，*Journal of Accounting Economics*）和国内两大重要专业期刊（会计研究和审计研究）的统计发现，研究内部控制质量或有效性影响因素的文章共有 56 篇，其中，研究企业内部影响因素的论文有 53 篇，主要集中在业务复杂程度、公司规模、盈利能力、成长性、公司成立时间、公司内部治理结构、审计委员会、组织结构、产权性质、股权结构、企业文化和信息化程度等方面；研究企业外部影响因素的论文仅有 3 篇，主要集中在市场化程度、法律环境、外部审计和国家文化等方面。由此可见，目前中外学术界对企业外部因素影响内部控制有效性的研究略显不足，尤其是在外部治理机制方面的研究缺乏系统性。

然而，研究公司外部治理机制对企业内部控制有效性的影响不容忽视。无论从理论上还是从实践上看，内部控制和公司治理机制都是保证企业健康发展所不可或缺的制度安排，两者之间存在互补性（Hirshleifer and Chakor，1999；李连华，2007）。内部控制的有效性必将受到外部治理因素的影响（张继德，2013）。而目前的研究大多关注的是内部治理因素对内部控制的影响，关于外部治理对内部控制的影响的研究较少，而按照 Hurwicz，L.（1960，1972，1973）；Maskin，E.（1977，1999，2002）和 Myerson，R.（1979，1981，1982，1986，1989）所奠定和发展的机制设计理论，单一的内部控制所达到的效率可能是次优的，只有通过内部控制与外部控制的有效配合，才有可能达到效率最大化。因此，研究企业外部治理机制对企业内部控制有效性的影响，对于我们深入理解内部控制与外部控制之间的关系以及加强两者之间的有效整合具有一定的启示意义。

基于以上分析，本章以我国 2009—2012 年沪市 A 股上市公司为样本，根据本章建立的内部控制有效性评价指标体系，实证分析市场化程度、法律制度、政府干预、审计质量、媒体监督等外部治理机制对内部控制有效性的影响。而将公司内部治理机制对内部控制有效性影响的文献已经较多，为了更好地检验外部治理机制对内部控制有效性的影响，本章将内部治理机制作为影响内部控制有效性的控制变量。通过研究发现，市场化程度、法律法规完善程度、审计质量、媒体监督与内部控制有效性呈显著正相关关系，而政府干预程度与内部控制有效性呈显著负相关关系。另外，本章进一步分析验证了这些外部治理机制对内部控制有效性五个子目标的影响也存在一定的差异。

第一节　理论分析与研究假设

基于前面章节的分析，本章考察的外部治理机制包括市场化程度、政府干预程度、法律法规的完善程度、媒体监督以及审计质量。

一、市场化程度对内部控制的影响

竞争是市场机制的永恒主题。市场竞争能够对公司管理层产生激励作用。竞争可以识别出管理层的努力程度和创新能力，是一种天然的信息传递和监督机制（亚当·斯密，《国富论》）；竞争使公司在市场上优胜劣汰，为了免于被淘汰，公司管理层和员工将会更加努力，加强和改善公司的管理；竞争也能让股东有识别最有价值管理层的平台，从而便于挑选优秀人才和进行业绩的比较（Fama，1980）。Valeriy Sibilkov（2011）发现，市场竞争不激烈的行业内的公司其治理结构相对薄弱，因为这种行业管理层面对清算的可能性小。Matthew J. Clayton（2003）以澳大利亚公司为样本，通过问卷调查方式研究发现，市场竞争越激烈，管理层越会积极地推动公司全面质量管理。Anzhela Knyazeva and Diana Knyazeva（2010）通过国际比较发现，市场竞争激烈的行业的业绩优秀公司，会设计更好的制度保护股东的权益。因此市场竞争会通过影响治理结构、管理层行为等对内部控制产生影响。

信用机制是市场机制的重要组成部分。为了自身利益和信用资金的安全，公司的债权人有内生的动力去关心公司的经营管理。他们的债务治理对公司管理层和管理制度都会产生重大影响。Grossman and Hart（1982）对破产的激励作用进行的研究表明，如果公司破产的风险很大，可能给管理层的声誉造成极大的负面影响，或者使其失去对公司的控制权，那么债务的增加会促使管理层勤勉工作，努力提升公司的价值。唐松、杨勇、孙铮（2009）基于对中国市场的研究发现，在金融市场越发达的地区，债权人对债务人进行债务治理的动机越强，治理的效果也越好，同时越有利于公司价值的增加。胡奕明和周伟（2006）认为，银行是通过改变贷款条件来传递监管的信号的。Saibal Ghosh（2007）证实了银行和管理层之间存在互补的监测效应。

以 1978 年党的十一届三中全会为标志开始的市场经济体制改革在中国已经走过了三十多年的历程，这一历程还会继续，而且市场经济体制改革已经取得了举世瞩目的成果。历史和现实证明，没有其他任何一种经济制度可以替代市场经济制度在发展一国经济方面所起的作用。市场经济制度配合恰当的宏观调控政策和手段，是第二次世界大战后西方国家经济繁荣和社会和谐的根本原因，也是我国改革开放以来经济快速发展的基本保证。在市场经济体制改革的进程中，政府逐渐减少了对企业的直接干预和税收之外的负担，规范自身的监管行为。市场化进程快的区域，非国有经济发展迅速，市场竞争更为充分；产品市场得到了极大的发展和完善，政府减少了对产品市场的地方保护，主要由市场而非政府引导价格的变化，从而引导企业的竞争。其他要素市场也逐渐发育成熟，特别是金融行业的市场化程度稳步提升，其发放给非国有经济的贷款金额所占比重明显上升。重视对外资的引进，强化技术成果的转化和交易以及提高劳动力市场的流动性，为各种经济形式的发展注入了强大的动力和活力。政府的直接监管逐渐由市场中介组织和行业协会以及完善的法律法规所取代，既发挥了政府应有的宏观调控作用，又能给企业提供发展充分自由的空间（樊纲、王小鲁、朱恒鹏，2011）。虽然还没有文献验证市场化进程对企业内部控制的影响，但是辛清泉和谭伟强（2009）以实证方式证实，市场化改革可以在一定程度上降低国有企业高管的在职消费，并增强国有企业高管薪酬对公司市场业绩的敏感性，推动国有企业的公司治理。方军雄（2011）也以实证方式证明，市场化改革提高了资源的配置效率。夏立军和陈信元（2007）也发现在市场化进程快的区域，企业自主决策权较大。同时，区域社会综合发展状况，比如经济实力、民生发展、生态发展、科技创新和社会发展等，为企业内部控制的建设和完善提供了一个良好的软环境。一般来说，区域经济越发达，证明企业本身的发展实力越强，有条件对内部控制建设进行投入；即使企业本身的实力赶不上区域经济发展的速度，地方政府也有财力进行基础设施建设和制度规范，为企业发展提供条件。民生发展为企业发展带来了充足的人力资本和智力支持。生态环境建设关系到公司能否持续发展，科技创新直接为企业发展提供技术支持，而社会发展会影响人的价值观念和规则意识。

自由竞争的市场经济能够提高资源配置效率，并在一定程度上"约束"政府干预（Hayek，1973）。改革开放三十多年来，中国的市场化进程已经取得了举世瞩目的成就，但是各地区的市场化程度却不平衡，存在较大的差异（孙铮等，2005）。在市场化程度较高的地区，信息披露更加及时，信息传递过程更加畅通，市场竞争更加激烈；而政府的行政干预相对较少，政府更愿意放手让市场作为资源配置的主导，强化政府监管职能的发挥；企业面对市场竞争压力，对风险的感知能力更强，对风险可能造成的后果更敏感，因此更有动力通过提高内部控制有效性来强化财务报告质量，通过建立高效的企业运营机制来提高风险管控能力，向外部投资者传递企业健康运营的信息（刘启亮等，2012）。相反，在市场化程度低的地区，企业往往缺乏公平竞争的意识，对风险缺乏足够的敏感度，更愿意通过寻求政治关联等"特权"方式来获取一定的经济利益，而政府则更可能出于政绩等政治目的，对企业日常业务进行干预，充当企业的担保人，从而导致企业忽视自身的经营管理，对内部控制建设重视不足。

综上所述可以得到一个显著的结论，即区域经济社会发展的进程将为公司内部控制建设和完善提供良好的外部环境。既能通过直接的引导给公司带来必要的建设内部控制的压力，也能为公司内部控制建设和完善提供良好的服务，还能反映内部控制对于公司的竞争实力产生的巨大作用力。基于以上分析，本章提出假设1，如下：

H1：市场化程度高的地区，企业内部控制更有效。

二、法律法规的完善程度对内部控制的影响

法律法规的完善程度将显著影响一个国家或地区的治理环境（LLSV，1998），而良好的治理环境可以有效缓解机构投资者和控股股东侵占中小投资者利益等代理问题的发生（辛宇和徐莉萍，2007），进而影响公司的信息风险。内部控制法规的颁布实施，直接影响内部控制制度设计有效性和执行有效性。2002年7月30日美国总统布什签署颁布的《萨班斯法案》，以法律制度的形式强制要求内部控制信息的披露，标志着美国进入内部控制信息的强制披露阶段。再看我国，近年来监管部门对内部控制法律制度的建设给予了足够的重视（杨雄胜等，2007），内部控制制度经历了从无到有，从自愿尝试披露到逐步强制披露的过程。尤其是2010年5月，财政部等五部委联合颁布实施的内部控制规范体系从法律层面构建了内部控制制度设计、评价和审计的完整体系。这一内部控制规范体系是从中央层面强制颁布实施的，在这一强制要求下，地方监管部门的态度会显著影响这些法律制度的实施效果（陈冬华等，2008）。重视内部控制的地方监管部门会通过密集发布相关地方法规的方式，强调内部控制建设的重要性，甚至将内部控制建设作为国有控股公司的考评标准，积极推

动内部控制制度的建设（杨有红，2011）；同时，对于企业来说，为应对严密的法律监管要求，必将自觉强化自身的风险管控意识，加强内部控制建设，努力提高内部控制有效性。但也有一些地方监管部门思想上忽视内部控制的重要性，行动上必然有所迟缓，不管是对中央层面法律制度的执行，还是地方层面相关法规的实施和细化，都缺乏足够的重视；而对于企业来说，如果面对宽松的法律监管环境，违规成本较低，对风险没有足够的敏感，缺乏风险管控的意识，就会丧失内部控制建设的积极性。由此可见，地区法律制度的不断完善能够促使企业管理层强化风险管控的理念，积极推动内部控制制度的建立和实施。基于以上分析，本章提出假设 2，如下：

H2：地方法律制度的完善程度显著影响了内部控制的有效性。

三、政府干预程度对内部控制的影响

内部控制建设和完善是需要公司付出必要的成本和代价的。内部控制健全有效，公司能够从中获益，业绩得以提高。但是获益的不仅仅是公司本身。与公司有关联的利益各方均可以无成本地得到收获。从这一点上看，公司内部控制具有正的外部效应。相反，如果公司内部控制严重失效，造成的损失也并不仅仅由公司承担，这种恶果会通过传导机制影响到其利益相关者。从这一点看，内部控制又显示出负的外部效应。内部控制的正的外部效应会导致公司出于成本效应的考虑使内部控制水平达不到社会最优水平，其负的外部效应则会导致公司将内部控制失效的损失转移给外部利害关系人，给社会造成极大的危害。解决内部控制外部性的方法之一就是对内部控制实施政府监管。从内部控制的发展历程也可以看出，内部控制政府监管的痕迹很重。外部环境越

复杂、越动荡之时，政府对公司内部控制的监管越严格。我国政府也一直是这样做的。改革开放后，政府对公司内部控制的监管经历了以下三个阶段：

(1) 内部会计控制监管阶段（1996—1999年）。1996年财政部颁布了《会计基础工作规范》，规定单位应建立内部牵制制度和内部稽核制度，进行合理分工和岗位职责划分。财政部对颁布的规范的重视，引起了中国人民银行对银行系统内部控制的重视。中国人民银行开始对商业银行内部控制实施监管，要求各商业银行按照指导原则搭建内部控制建设的基本框架。

(2) 内部控制体系行业部门自治阶段（1999—2005年）。《中华人民共和国会计法》规定各单位要建设会计监督体系，以确保会计信息的质量。各行业部门从各自监管需求出发，纷纷出台了行业部门内适用的内部控制体系。如财政部在2001年发布了我国第一个完整的会计内部控制体系。这一事件掀起了内部控制体系建设的热情，审计署、国资委、证监会、银监会、保监会以及上海证券交易所、深圳证券交易所等监管部门基于各自管辖的领域，先后公布了自己的内部控制体系。

(3) 内部控制体系统一规范阶段（2006年至今）。从2001年到2005年，中国出现了很多内部控制体系并存的情况，这些内部控制体系大多借鉴了COSO内部控制框架，因此其实质上有相通性，但是又或多或少地带有行业部门的痕迹，造成了内部控制体系满天飞的混乱局面。因此财政部牵头对内部控制进行了统一规范。

政府对内部控制的监管可以起到以下三个方面的作用：一是为公司和市场提供一个评价内部控制水平的标杆。内部控制建设质量如何，对公司和外部利益相关者来说，由于所处角度不同，评价结果可能会出现很大的差异，这对于公司和利益相关者来说，都是非常不公平的。这就需要政府以第三方的身份对内部控制规范进行强制性的规范，统一评价的标准。二是为了防止内部控制负的外部性效应的发生给社会经济带来负面影响，政府需要利用"看得见的手"向公司内部控制建设施加压力，以防止公司内部控制失效产生的"蝴蝶效应"，而自己还得充当"消防员"的角色；三是通过政府鼓励以及给予相应的指导和补助，由政府消化一部分公司内部控制建设的成本，在特殊的环节，将高质量内部控制作为某种交易的条件，激励公司重视内部控制建设和完善。

不同的法源地区对外部投资者的法律保护存在系统性差异（La Porta et al.，1998），投资者产权保护意识较差、市场化程度较低的国家，有政治关系的企业可以获得更多的资源（Faccio，2006）。在政策落实和产权保护方面，政府管制有时候比法律机制更有效（Glaeser et al.，2001）。在市场化程度较低、对投资者产权保护不足的地区，政府在财政、税收、就业、资源需求等多重压力下，对企业的干预比较多；而企业面对过多的政府干预行为，也更有动机通过良好的政企关系建立政治关联，从而获取更多的资源优势（比如融资优势和补贴优势）和对自身产权的保护（刘启亮等，2012），因此从思想上到行动上，都表现为对内部控制建设的投入不足。而市场化程度较高的地区，对投资者产权保护比较到位，政府为推动地区市场化进程，会给予企业更多的自主权，尽量减少不必要的行政干预，为企业创造公平竞争的氛围；而企业自身会通过加强自身内部管理，建立有效的内部控制制度，提高内部控制活动运行效率，对外公布高质量的财务报告，以此向外部利益相关者传递公司健康运营的信息，通过市场的手段来实现资源的优化配置。基于以上分析，本章提出假设3，如下：

　　H3：政府干预较少的地区，企业内部控制较有效。

四、审计质量对内部控制的影响

　　注册会计师与公司内部控制有着先天的联系。公司内部控制推动了注册会计师审计方法的演变。在制度基础审计和风险导向审计阶段，注册会计师都会对被审计单位的内部控制进行了解，在必要的时候对内部控制进行测试，既可以提高审计效率，也可以降低审计风险。特别是中国内部控制规范体系出台以后，X 为了检查和评价内部控制的有效性，在内部控制应用指南中专门规定了内部控制审计指引。这说明，会计师事务所在中国内部控制建设进程中，是一支对公司内部控制进行监督的重要社会力量。杨德明等（2009）认为，外部审计质量和公司内部控制存在替代效应。

　　另外，审计质量的高低直接影响审计师发现被审计对象在会计制度上违规并公开揭露这种违规行为的联合概率，这一过程取决于审计师的专业胜任能力和独立性。外部审计师的审计质量对于企业内部控制建设具有监督约束的作用。在我国，法律制度不够完善，审计师面临的诉讼风险较小，最主要的审计风险是上市公司被监管部门查处的风险，即监管风险（宋衍衡和肖星，2012），审计师为降低监管风险，特别重视企业的内部控制制度。特别是在我国内部控制鉴证与财务报表审计通常由同一审计师完成的制度背景下，审计师在进行审计的过程中，通过对被审计单位控制环境的了解，往往会扩大内部控制测试的范围和程度，对被审计单位内部控制的设计和运行状况做出专业的判断，对发现的内部控制缺陷提出有效的改进建议，从而完善与财务风险和风险控制管理相关的内部控制（张龙平，2010）。一般来讲，审计质量越高，审计师的专业胜任能力越强，越容易发现公司内部控制各个环节存在的缺陷，为降低未来可能的监管风险，审计师往往会对改善企业内部控制缺陷提供更好的方案。基于以上分析，本章提出假设4，如下：

H4：外部审计师的审计质量越高，内部控制越有效。

五、媒体监督对内部控制的影响

媒体监督作为一种重要的舆论监督，具有影响声誉、预防、惩戒、矫正和教育的功能。新闻媒体对公司没有直接的资源投入，也不享有公司的分配权和控制权，只是作为公司和社会的一条纽带。新闻媒体监督公司行为的源动力来自两个方面：一是政府的倡导，政府需要依靠社会监督来弥补行政监管的不足；二是自身的需要，如媒体为了吸引读者等。无论是什么原因，新闻媒体通过声誉影响机制、倒逼机制（李建标等，2010）对公司的行为产生了较好的约束作用。

媒体监督理论认为，媒体会热衷于报道上市公司的某些丑闻或不当行为（Miller，2006），媒体作为一种有效的信息中介（Bushee et al.，2010），通过影响企业和经理人的声誉，最终促使公司改进治理（郑志刚，2007；Dyck et al.，2008；李培功和沈艺峰，2010）。公司内部控制失效引发的财务舞弊行为是资本市场利益相关者都普遍关注的问题，媒体非常有兴趣去挖掘这类公司的不当行为来行使其监督职责。与独立董事和外部审计制度等显性监督机制容易被各种关系所收买不同，媒体可以发挥变"隐性"约束为"显性"约束的作用，当政府和市场失灵或者失效时（North，1981），发挥重要的监督职能。这也能够说明为什么多年前的安然、银广夏和2011年的紫鑫药业，相关的财务问题最初都是由媒体曝光的。但有研究证明，媒体监督在中国只有发现功能，并不能对上市公司的行为产生实质影响（贺建刚等，2008）。那么转换一种思路，根据于忠泊等（2011）提出的市场压力假说，对于媒体关注度和曝光率高的公司，管理层是否会出于自身声誉机制的考虑，为避免财务舞弊等财务丑闻可能对其个人及公司声誉造成不良影响，更有动机加强内部控制制度的建立和实施，有效防止错误舞弊的发生，提高内部控制有效性？为验证这个假说，本章提出假设5，如下：

H5：媒体关注度越高，公司内部控制越有效。

第二节　研究设计

一、样本选择与数据来源

本章选取2009—2012年我国沪市A股上市公司为研究样本，并根据以下标准进行筛选：（1）剔除同时发行A股、B股和H股的上市公司样本；（2）剔除金融类上市公司；（3）剔除资料不全的公司；（4）剔除ST公司。本章所使用的数据主要来自CCER经济金融数据库、国泰安数据库和巨潮资讯网，部分数据经过手工收集整理，数据的统计和处理采用Excel和STATA12.0软件来完成。

二、变量解释

1. 市场化程度（MAR）

参照大多数学者（夏立军和方轶强，2005；刘启亮等，2012等）采用的方法，本章采用樊纲等（2011）近年来构建的我国各地区市场化指数作为市场化程度的替代变量。由于该指数目前的数据只到2009年，因此2010年和2011年的数据根据以前年度的平均增长率计算而来。

2. 地方法律制度的完善程度（LAW）

在中央政府层面，不同企业面临的法律制度是相同的，但是，在地方政府层面，不同的企业面临不同的监管要求，因此本章以地方政府及监管部门针对内部控制发布的法律制度的数量来衡量地区法律制度的完善程度，这一数据主要根据中国咨询行数据库手工搜集。

3. 政府干预程度（GOV）

不同地区的市场竞争程度不同，政府干预程度也显著不同。本章参照刘启亮等（2012）的方法，采用樊纲等（2011）构建的关于政府与市场的关系指数来衡量政府干预程度。

4. 审计质量（AQ）

本章借鉴宋衍蘅和肖星（2012）的研究方法，采用 McNichols（2002）和 Francis et al.（2005）修正的 Dechow and Dichev（2002）模型来衡量审计质量。具体过程如下：

按照年度和行业（Francis et al.，2005；Doyle et al.，2001）对模型进行回归：

$$\Delta WC_{i,t} = \beta_0 + \beta_1 CFO_{i,t-1} + \beta_2 CFO_{i,t} + \beta_3 CFO_{i,t+1}$$
$$+ \beta_4 \Delta REV_{i,t} + \beta_5 PPE_{i,t} + \varepsilon_{i,t} \qquad (5—1)$$

式中，$\Delta WC_{i,t}$ 衡量流动性应计项目[1]，CFO 衡量经营活动现金流，$\Delta REV_{i,t}$ 衡量当年营业收入的变动，$PPE_{i,t}$ 衡量当年固定资产净值，$\varepsilon_{i,t}$ 衡量流动性应计项目无法有效转变为经营现金流的程度。根据回归结果计算每个公司样本年度和前四年观测值的残差 ε 的标准方差，通过标准方差来衡量 ε 的波动性，以此来反映每家公司各年度的盈余管理程度。为控制规模效应的影响，将等式两边都除以公司年度总资产。本章的研究样本是 2009—2012 年四年的数据，因此模型的回归样本区间为 2005—2012 年，计算的

---

[1] Bernard and Stober（1989）将流动性应计项目定义为：Δ 流动性应计项目＝ Δ 存货＋Δ 应收账款－Δ 应付账款。

ε越大，表明公司的盈余管理程度越严重，会计信息质量越差，审计质量也越差。为便于分析，将 AQ 定义为 ε 的倒数，以 AQ 来衡量审计质量。AQ 越大，会计信息质量越好，审计质量越高。

5. 媒体监督（MEDIA）

本章借鉴于忠泊等（2011）的方法，用新闻媒体报道公司的次数来衡量媒体关注度，以媒体关注度来衡量媒体监督职能，这一数据也主要根据中国咨询行数据库手工搜集获得。

6. 内部控制有效性（IC）

内部控制有效性根据第四章建立的内部控制有效性评价指标得分来衡量。

7. 控制变量

根据已有研究成果（Doyle et al.，2007；张颖和郑洪涛，2010；刘启亮等，2012），本章选取以下控制变量：（1）资产规模，用来控制公司规模；（2）资产收益率，用来控制公司的盈利能力；（3）公司分部数量，用来控制公司业务的复杂程度；（4）主营业务增长率，用来控制公司的成长性；（5）是否兼并和重组，用来控制公司组织结构的变化；（6）产权性质，用来控制实际控制人；（7）第一大股东持股比例，用来控制公司的股权集中度；（8）机构投资者持股比例，用来控制公司的股权制衡度；（9）独立董事占董事会人数的比例，用来控制公司董事会特征。此外，为了控制行业和年度的影响，增设了行业和年度两个虚拟变量。控制变量具体定义详见表 5-1：

表 5-1   **主要变量定义表**

	变量名称	变量符号	变量定义
被解释变量	内部控制有效性	IC	根据以上内部控制指标计算而来
解释变量	市场化程度	MAR	根据樊纲等（2011）的市场化指数而来

续表

变量名称	变量符号	变量定义
	法律制度的完善	LAW	地方政府发布的内部控制法规的数量
	政府干预程度	GOV	根据樊纲等（2011）的政府与市场的关系指数而来
	审计质量	AQ	根据式（5—1）计算而来
	媒体监督	MEDIA	新闻媒体对公司的曝光率
控制变量	资产规模	SIZE	公司年末总资产的自然对数
	资产收益率	ROA	年末净利润除以总资产
	公司分部数量	SEG	公司业务分部数量
	成长性	GROW	公司营业收入变动额除以上年度营业收入
	是否兼并和重组	M&A	公司当年发生兼并和重组为1，没有为0
	产权性质	STATE	国有控股取1，其他为0
	第一大股东持股比例	FS	第一大股东持股比例
	机构投资者持股比例	IS	机构投资者持股比例
	独立董事比例	IM	董事会中独立董事的比例
	行业虚拟变量	$\sum$ IND	根据中国证监会颁布的《上市公司行业分类指引》划分上市公司所属行业。本章样本公司分属于13个行业
	年度虚拟变量	$\sum$ YEAR	以2009年为基准，设立两个虚拟变量

三、模型建立

为检验各种外部治理机制对内部控制有效性的影响，根据上述变量定义，本章建立以下回归方程：

$$IC_{i,t} = \beta_0 + \beta_1 MAR_{i,t} + \beta_2 LAW_{i,t} + \beta_3 GOV_{i,t} + \beta_4 AQ_{i,t}$$

$$+ \beta_5 MEDIA_{i,t} + \beta_6 SIZE_{i,t} + \beta_7 ROA_{i,t}$$

$$+ \beta_8 SEG_{i,t} + \beta_9 GROW_{i,t} + \beta_{10} M\&A_{i,t}$$

$$+ \beta_{11} STATE_{i,t} + \beta_{12} FS_{i,t} + \beta_{13} IS_{i,t}$$

$$+ \beta_{14} IM_{i,t} + \sum IND$$

$$+ \sum YEAR + \varepsilon \qquad\qquad (5\text{—}2)$$

第三节　实证分析

一、描述性统计

表 5-2 是对全部样本的描述性统计，为消除极端值的影响，本章将连续变量都进行了 1% 的缩尾处理。统计结果表明，内部控制指标的最大值与最小值之间的差距比较大，说明不同公司的内部控制水平存在较大差异。而市场化程度、地方法律制度的完善程度、政府干预程度、审计质量和媒体监督的标准差都比较大，说明不同地区的制度环境建设不均衡，不同公司所面临的外部治理机制存在较大差异。

表 5-2　　　　　　　　　　　全样本描述性统计

变量	样本量	均值	标准差	最小值	最大值
ic	1 785	58.77	4.19	14.15	98.83
mar	1 785	8.94	2.19	0.38	11.80
gov	1 785	8.71	1.53	−4.66	10.15
aq	1 785	7.55	9.63	0.14	201.54
law	1 785	7.20	7.10	0	26.00
media	1 785	32.04	79.78	0	1 764.00
m&a	1 785	0.35	0.48	0	1.00
is	1 785	0.15	0.16	0	0.90

续表

变量	样本量	均值	标准差	最小值	最大值
size	1 785	22.08	1.14	18.83	26.49
im	1 785	0.34	0.09	0	0.67
roa	1 785	0.04	0.06	−0.66	1.44
grow	1 785	−2.55	76.05	−2 840.52	133.25
state	1 785	0.69	0.46	0	1.00
seg	1 785	2.70	1.72	1.00	16.00
fs	1 785	0.37	0.16	0.04	0.85

表 5-3 是分年度对内部控制有效性评价得分的描述性统计。从表中可以看到，2010 年的内部控制得分与 2009 年相比，整体水平有了很大提高，这与当年财政部等五部委联合发布一系列的企业内部控制评价体系具有一定关系，五部委联合发文，向资本市场传递了强化内部控制的有力信号，促使各企业加强了内部控制建设，有力地保障了内部控制有效性目标的实现水平。同时我们也发现，在随后的 2011 年，内部控制指标得分的均值有所降低，标准差却呈现持续增加趋势，这一方面表明不同企业间依旧存在较大差异，并且这个差异程度在增加，另一方面也可能是由于内部控制评价体系 2011 年率先在国内外同时上市的企业实施，而在本章的样本中为了消除不同上市地所面临的监管差异影响，恰好剔除了这些企业，这也会对结果产生一定影响。随着 2012 年实施范围的逐渐扩大，内部控制有效性整体水平呈现上升趋势，而标准差却变小了，说明企业间的内部控制差异在逐渐减小。

表 5-3　　　　分年度内部控制有效性评价指标的描述统计

年度	样本量	均值	标准差	最小值	最大值
2009	590	58.39	3.85	14.153 56	76.31
2010	596	59.44	4.23	38.76	98.83
2011	599	58.49	4.41	28.568 75	88.97
2012	610	58.91	4.32	29.73	91.32

二、实证结果分析

我们考察了表5-1中所有变量的 VIF 值，发现均小于2，表明模型不存在严重的多重共线性问题。在控制了资产规模、资产收益率、业务复杂程度（公司分部数量）、公司成长性、是否兼并和重组、产权性质、第一大股东持股比例、机构投资者持股比例、独立董事比例以及年度和行业等变量之后，本章首先将市场化程度、政府干预程度、法律法规的完善程度、审计质量以及媒体监督五个影响因素分别纳入回归方程进行回归，然后将五个因素同时放入回归方程进行回归，回归结果汇总列示于表5-4。根据回归结果，我们发现：（1）市场化程度与公司内部控制有效性具有显著的相关关系，这充分表明，地区市场化程度越高，公司为了向市场传递健康发展的信号，越有动力加强内部控制建设，提高内部控制有效性；（2）政府干预程度与内部控制有效性具有显著的负相关关系，这也表明，政府干预较多的地区，公司更注重寻求政治关联等方式获取资源优势来保护自己的利益，而忽视了加强自身内部控制建设，通过市场手段来实现自身价值最大化；（3）审计质量与内部控制有效性显著正相关，这表明一方面有效的内部控制可以提高审计质量，另一方面，审计质量越高，证明审计师具有较高的专业水准，越能够发现公司的内部控制缺陷，进而为公司加强内部控制建设提供更高水准的专业建议；（4）地方法律法规的完善程度与公司内部控制有效性显著相关，因为地方法律法规越完善，证明地方政府越重视内部控制，通过颁布法规的方式，有助于帮助公司管理层认识内部控制的重要性，增强了公司内部控制建设的强制性；（5）媒体监督与公司内部控制有效性呈现显著的正相关关系，因为媒体关注度高的公司，公司信息更加公开透明，为了避免不良信息在资本市场上对公司造成影响，更有动力通过加强内部控制建设来提高公司的风险管控能力，以此来增强投资者对公司的信心；（6）控制变量方面，是否发生兼并和重组与内部控制有效性具有显著的负相关关系；机构投资者持股比例、资产规模、资产收益率、公司成长性、第一大股东持股比例都与内部控制有效性显著正相关；而独立董事比例、产权性质和业务复杂程度（业务分部数量）与内部控制有效性具有不显著的负相关关系。

表 5-4　　　　　　　　　回归结果分析

variable	ic (1)	ic (2)	ic (3)	ic (4)	ic (5)	ic (6)
mar	0.010**					0.011**
	(2.13)					(2.34)
gov		0.031**				0.050**
		(2.21)				(2.57)
aq			0.019**			0.018**
			(2.48)			(2.38)
law				0.021**		0.025**
				(2.11)		(2.26)
media					0.003***	0.003***
					(3.13)	(3.24)
m&a	−0.251*	−0.251*	−0.231*	−0.241*	−0.242*	−0.240*
	(−1.95)	(−1.96)	(−1.92)	(−1.85)	(−1.87)	(−1.98)
is	1.800***	1.799***	1.715***	1.803***	1.793***	1.711***
	(3.97)	(3.96)	(3.78)	(3.98)	(3.96)	(3.78)
im	−1.160	−1.170	−1.116	−1.199	−1.150	−1.172
	(−1.40)	(−1.40)	(−1.34)	(−1.44)	(−1.39)	(−1.42)
size	0.154**	0.154**	0.112	0.167**	0.085	0.055**
	(2.29)	(2.28)	(1.62)	(2.47)	(1.20)	(2.75)
roa	41.41***	41.398***	41.912***	41.423***	41.155***	41.547***
	(34.34)	(34.33)	(34.39)	(34.44)	(34.18)	(34.08)
grow	0.014***	0.014***	0.014***	0.014***	0.014***	0.014***
	(14.86)	(14.87)	(14.88)	(14.94)	(14.91)	(15.00)

续表

variable	ic (1)	ic (2)	ic (3)	ic (4)	ic (5)	ic (6)
state	−0.150	−0.152	−0.194	−0.170	−0.158	−0.199
	(−0.93)	(−0.94)	(−1.20)	(−1.03)	(−0.98)	(−1.22)
seg	−0.02	−0.02	−0.019	−0.012	−0.009	−0.001
	(−0.48)	(−0.47)	(−0.44)	(−0.30)	(−0.21)	(−0.03)
fs	2.007***	2.006***	2.109***	1.973***	1.953***	1.993***
	(4.05)	(4.05)	(4.25)	(3.99)	(3.96)	(4.02)
cons	53.433***	53.348***	54.509***	53.358***	54.906***	55.350***
	(36.47)	(35.91)	(36.37)	(37.03)	(36.38)	(34.30)
Ind	Yes	Yes	Yes	Yes	Yes	Yes
Year	Yes	Yes	Yes	Yes	Yes	Yes
N	1 785	1 785	1 785	1 785	1 785	1 785
调整的 R^2	0.490	0.490	0.490	0.490	0.490	0.500
F	170.0	170.0	171.2	170.8	171.9	124.2

***表示在1%的统计水平上显著，**表示在5%的统计水平上显著，*表示在10%的水平上显著。

第四节 进一步分析与稳健性检验

一、进一步分析

前面在分析公司外部治理机制对内部控制有效性的影响时，是把内部控制有效性作为一个综合指标来加以考察的。在此基础上，将进一步分析公司外部治理机制对内部控制有效性的五个维度（合法合规目标、资产安全目标、财务报告目标、经营目标和战略目标）的影响。其回归结果见表5-5。由此表可知：（1）法律法规的完善程度与合法合规目标具有显著的正相关关系，政府干预程度与合法合规目标具有不显著的负相关关系，市场化程度、审计质量和媒体监督与合法合规目标具有不显著的正相关关系；（2）市场化程度、审计质量与资产安全目标具有显著的正相关关系，政府干预程度与资产安全目标具有显著的负相关关系，法律法规的完善程度和媒体监督与资产安全目标具有不显著的相关关系；（3）市场化程度、审计质量、法律法规的完善程度和媒体监督与财务报告目标具有显著的正相关关系，而政府干预程度与财务报告目标具有不显著的负相关关系；（4）审计质量、法律法规的完善程度和媒体监督与经营目标具有显著的正相关关系，而市场化程度与经营目标具有不显著的相关关系，政府干预程度与经营目标具有不显著的负相关关系；（5）市场化程度、法律法规的完善程度和媒体监督与战略目标具有显著的正相关关系，而政府干预程度和审计质量与战略目标具有不显著的相关关系。这充分说明公司外部治理机制对内部控制有效性及内部控制五个目标的影响存在较大差异，具体见表 5-5。

表 5-5　　　　　　　　　　　分指标回归结果

Variable	ic1	ic2	ic3	ic4	ic5
MAR	0.00	0.01**	0.02*	0.02	0.01**
	0.36	2.41	(1.86)	(0.50)	(2.39)
GOV	−0.010 0	−0.01***	−0.01	−0.02	−0.02
	(−1.52)	(−4.54)	(−1.13)	(−0.29)	(−0.39)
AQ	0.00	0.00*	0.01***	0.02***	0.00
	(1.09)	(1.75)	(2.78)	(3.48)	(0.31)
Law	0.00*	0.00	0.00*	0.00**	0.02***
	(1.85)	(0.70)	(2.04)	(2.39)	(3.86)
Media	0.00	0.00	0.01**	0.00**	0.01***
	(0.61)	(1.05)	(2.41)	(2.23)	(4.01)
M&A	−0.01	−0.01	−0.01	−0.01	0.01
	(−0.97)	(−1.50)	(−0.43)	(−0.09)	(0.08)
IS	0.05	0.01	0.18***	0.39	1.18***
	(1.58)	(0.67)	(2.83)	(1.39)	(4.58)

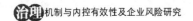

续表

Variable	ic1	ic2	ic3	ic4	ic5
IM	0.05	0.02	−0.05	−0.21	−0.06
	(0.77)	(0.86)	(−0.40)	(−0.41)	(−0.13)
Size	0.02***	−0.00*	−0.02	0.16***	−0.03
	(3.18)	(−1.69)	(−1.47)	(3.29)	(−0.63)
ROA	0.13	0.01	−0.53***	27.77***	12.34***
	(1.36)	(0.30)	(−3.12)	(35.96)	(17.57)
Grow	0.00	0.00	0.00	0.01***	0.00
	(1.21)	(1.59)	(0.39)	(24.22)	(−0.19)
State	0.00	0.00	−0.03	0.02	−0.23**
	(0.21)	(−0.51)	(−1.37)	(0.22)	(−2.45)
SEG	0.00	0.00	0.01	−0.04	−0.01
	(−0.11)	(−1.05)	(1.33)	(−1.57)	(−0.53)
FS	0.07*	0.00	0.03	0.77**	0.61**
	(1.85)	(0.27)	(0.43)	(2.45)	(2.14)
IND	控制	控制	控制	控制	控制
Year	控制	控制	控制	控制	控制
Cons	0.55***	0.05***	0.11***	4.92***	0.15***
	(4.24)	(4.10)	(4.34)	(4.63)	(4.13)
N	2 395	2 395	2 395	2 395	2 395
调整的 R^2	0.030 0	0.040 0	0.090 0	0.580	0.260
F	2.050	2.820	7.130	95.95	24.21

***表示在1%的统计水平上显著，**表示在5%的统计水平上显著，*表示在10%的水平上显著，表中数值取值为小数点后两位，0.00不代表0。

二、稳健性检验

此外，我们还进行了以下稳健性测试：（1）以是否披露内部控制实质性缺陷来替代内部控制有效性；（2）以固定资产占总资

产的比重来衡量业务复杂度；（3）以是否是国内十大会计师事务
所和审计收费分别替代审计质量；（4）以樊纲等（2009）的法律
制度环境指数来替代地区法律制度的完善程度；（5）以地区经济
发展水平，即公司注册地的人均 GDP 取自然对数作为市场化程
度的替代变量。稳健性检验的结果与前面表 5-4 中的结果基本一
致，不存在较大差异。

第五节　研究结论

　　本章在机制设计理论的分析框架下，结合信号传递理论，以
我国 2009—2012 年沪市 A 股上市公司为研究样本，考察市场化
程度、法律法规的完善程度、政府干预程度、审计质量和媒体监
督等外部治理机制对企业内部控制有效性的影响。结果表明：市
场化程度、法律法规的完善程度、审计质量、媒体监督与企业内
部控制有效性水平呈现显著的正相关关系，而政府干预程度与企
业内部控制有效性水平呈现显著的负相关关系。通过对内部控制
五个子目标分别进行考察，发现市场化程度、审计质量与资产安
全目标呈现显著的正相关关系，政府干预与资产安全目标呈现显
著的负相关关系；审计质量、法律法规的完善程度和媒体监督与
财务报告目标呈现显著的正相关关系；法律法规的完善程度和媒
体监督与经营目标呈现显著的正相关关系；市场化程度、审计质
量、法律法规的完善程度和媒体监督与战略目标呈现显著的正相
关关系。这些研究结论表明，在研究企业内部控制有效性问题
时，必须考虑外部治理机制的影响，只有外部控制和内部控制有
效配合，才能达到效率最大化。这些结论对于深入理解内部控制
和外部控制之间的关系以及加强对两者之间的有效整合具有一定

的启示意义。

第六节　本章小结

（1）本章主要考察了外部治理机制对内部控制有效性的影响。外部治理机制主要选择市场化程度、法律法规的完善程度、政府干预程度、审计质量和媒体监督等五个因素，采用第四章建立的内部控制指标体系计算的企业内部控制有效性得分来衡量企业内部控制有效性水平。

（2）为了检验外部治理机制对内部控制有效性的影响，本章选择 2009—2012 年沪市 A 股上市公司为研究样本，并按照一定的标准进行了筛选。数据主要来源于 CCER 经济金融数据库、国泰安数据库和巨潮资讯网，部分数据经过手工收集整理。

（3）通过分别考察五个外部治理机制对企业内部控制有效性的影响发现，市场化程度、法律法规的完善程度、审计质量、媒体监督与企业内部控制有效性水平呈现显著的正相关关系，而政府干预水平与企业内部控制有效性水平呈现显著的负相关关系。

（4）通过进一步考察内部控制指标体系的五个分指标，发现市场化程度、审计质量与资产安全目标呈现显著的正相关关系，政府干预程度与资产安全目标呈现显著的负相关关系；审计质量、法律法规的完善程度和媒体监督与财务报告目标呈现显著的正相关关系；法律法规的完善程度和媒体监督与经营目标呈现显著的正相关关系；市场化程度、审计质量、法律法规的完善程度和媒体监督与战略目标呈现显著的正相关关系。

第六章

公司治理机制下内部
控制有效性影响企业
风险的理论分析

2004 年，COSO 委员会发布了《企业风险管理——整合框架》（Enterprise Risk Management-Integrated Framework，简称 ERM 框架），这一框架是以 COSO 报告为基础进行补充和拓展的，标志着内部控制进入全面风险管理阶段。该框架增加了战略目标和目标设定、事项识别和风险应对三个要素，指出风险管理活动应为战略目标的实现提供合理保证，并贯穿战略目标的制定、分解和执行过程。ERM 框架还首次明确了风险评估的过程，并提出了风险组合观以及风险偏好和风险容忍度（或者风险容量）这两个概念，要求企业管理者对企业相关风险进行识别并采取措施，以风险组合的观点看待风险，以使企业所承担的风险处于风险偏好的范围内。

由此可见，内部控制发展到风险管理阶段，内部控制理论的发展除了继续深化互相牵制、优化组织结构和权责更加明确外，最重要的就是对企业活动中的不确定性进行科学的认知、分析和应对策略制定，使控制活动更有针对性，更加合理。内部控制应针对风险的不确定性进行具体的分解和落实，从而起到降低风险、控制不确定性的作用。那么，内部控制有效性是否确实能降低企业风险呢？

第一节　内部控制有效性对企业风险的影响━━━━━

　　内部控制理论的完善和发展大致经历了以下五个阶段：
（1）内部牵制阶段，内部牵制的目的是查错防弊，降低财产损失
和挪用风险；（2）内部控制制度阶段，内部控制的目的是保护资
产安全和会计信息真实可靠，降低财产损失风险和财务舞弊风
险；（3）内部控制框架阶段，内部控制不仅是为了降低财产损失
风险和舞弊风险，同时也是为了降低经营效率低下的风险（戴文
涛，2010）；（4）内部控制整体框架阶段，内部控制的目的主要
是降低企业经营活动偏离内部控制目标的风险；（5）企业风险管
理整合框架阶段，内部控制作为风险管理的业务实施和组织保障
（郑洪涛和张颖，2009），防范企业风险是内部控制最终目的。

　　回顾内部控制理论的发展过程，可以看出内部控制理论的发
展都是为了防范企业不同发展时期面临的风险，但是关于内部控
制和企业风险的关系缺乏较深入的理论分析和实证证据。因此，
本章将从契约理论、团队生产理论、委托代理理论、投资者保护
理论、机制设计理论和内部控制基本理论入手，对内部控制有效
性和企业风险进行详细的理论分析。

一、基于契约理论的分析

　　契约理论认为，现实社会中，企业制定和执行的契约都是不
完全的，需要一系列的制度安排来维护契约的有效性，从而保证
企业的整体效率（Fama，1980）。换言之，契约总是存在"缺口
和漏洞"（Hart，1998）。因为契约既不能预料到所有可能发生的

状况，也无法详述各种情况下缔约各方的权利与责任，因此总是需要不断协商修正。企业契约作为要素所有者产权交易的一种方式，其特别之处在于契约中包含了人力资本。与非人力资本相比，人力资本具有不可分割性和主观能动性。这种产权特性导致在使用这些经济资源时只能采用不完备契约，即契约中包含一些模糊的内容，通过激励机制进行调节。企业契约的不完备会对契约的履行过程和结果产生不确定性，并进一步对要素所有者的产权价值产生影响，造成产权价值增值可能为正或负，这对企业来说就意味着风险。同时，当人力资本的激励机制出现问题时，非人力资本会被人力资本当作"人质"受到"虐待"，由此就产生了代理问题（张维迎，1996）。

因此，为解决由于企业双方签订的契约不完备而可能导致的契约履行过程和结果的不确定，以及由于人力资本所具有的产权特性而可能产生的代理问题，非人力资本要素提供者在对要素的使用权进行转让后，应对委托产权进行控制，建立一种跟踪控制机制，对转让的要素使用权的使用过程进行监控，保证要素得到有效使用，并对预期的要素增值部分享受收益，这也构成了现代企业治理控制的最主要部分。企业内部控制最核心的部分就是企业层面的内部控制，即内部治理控制。这部分内部控制的主体是要素所有者，控制对象是企业家或者经营者，控制的主要目标是企业所有权的合理配置，通过有效的内部控制，可以防范企业风险，使企业价值或合作剩余最大化。

二、基于团队生产理论的分析

上文根据不完备契约理论分析了企业治理层面的内部控制，即实物资本要素所有者对经营者控制产生的必要性。这主要是对企业第一层次的委托代理冲突引起的风险的防范，而对于企业第二层次的委托代理问题引起的企业风险，本章拟从团队生产理论入手进行相关研究，通过加强以经营者为中心的内部控制来防范企业微观层面的风险。

威廉姆森（1985）认为，通过建立企业契约的方式在企业内部建立纵向一体化的组织结构，对专有性较强的资产进行交易，而不是采用市场契约的方式，能够在一定程度上减少市场机会主义。但这样的方式却可能造成企业机会主义，因为根据"有限理性人"假说，签订企业契约的要素所有者都是有限理性，其行为都具有外部性[1]。人力资本和非人力资本所有者在企业内部进行团队合作生产，通过共同努力获得的最终产品，就是联合产出。阿尔钦和德姆塞茨（1972）认为，作为契约组织的企业，契约的缔结过程一定程度上受到交易费用的影响，但更重要的是需要从企业生产的本质来考虑。作为一种团队生产方式，企业面临的需要重点解决的问题是如何减少要素所有者进行合作生产时可能出现的偷懒和"搭便车"等行为。采用不同的产权结构就是企业为了解决这些难题而采取的应对措施，产权的结构不同体现了企业制度的差异，这就是团队生产理论的起源。是否采用团队生产方式最主要的判断标准就是进行团队生产投入多项要素联合生产的产出应大于各投入要素单独生产的产出之和。换言之，是否采用团队生产方式，一方面需要考虑生产成本的节约，另一方面还需要考虑运作成本的节约以及团队生产效率的提高。根据团队生产理论，企业契约中的团队生产效率依赖于每一个要素提供者的边际贡献。然而，采用团队生产方式会导致无法直接或低成本地衡量每个参与生产的成员的边际贡献。因此，当信息不对称时，由

---

[1] 外部性即外部效应，指某个人效用函数的自变量中包含了别人的行为。即经济活动的当事人之间的利益关系存在这样的情况，一方对另一方或其他诸方的利益造成的损害或提供的便利不能通过市场加以确认，也难以通过市场价格进行补偿。外部性的主要特征是存在人们关注但又不在市场上出售的商品，其产品正是由于缺乏外部因素市场而引起。

于不能及时准确地度量团队成员的边际贡献，也不能完全根据要素所有者的工作状况进行报酬激励，这必然导致个别成员的"搭便车"行为，会降低团队其他成员的积极性，损害生产效率，增加内部交易费用，违背团队生产的最初目的。为有效解决这一问题，需要通过一种机制监督团队成员的行为，并实施有效的控制。传统理论认为，可行的机制是市场竞争，通过竞争使非团队成员的要素所有者代替过度偷懒的团队成员，而作为团队成员，为了避免被替换，就会努力工作，但新加入的团队成员仍然存在偷懒和"搭便车"的趋势，因此，引入市场竞争并不能彻底解决团队生产中的问题。

提高团队生产效率，减少成员偷懒的另一种方法，就是在企业内部构建一种监督控制机制，对团队成员之间的行为进行协调，也就是企业内部控制，这形成了企业微观层面的内部控制。经营者对于企业契约的签订具有中心签约人的地位，对不同要素所有者的产权负有受托责任，因此被赋予了在企业内部行使控制或监督的权利。经营者通过采取包括纪律、产出绩效的度量和按比例分配报酬和工作等措施行使权利，还可以通过强制性的终止或修改契约，以及给予个别团队成员特殊激励的方式提高团队效率。微观层面的内部控制以监督和控制企业成员的行为为主要目标，可以有效降低企业内部的交易成本，提高产权经营效率，赋予经营者有效履行产权经营的权利，最终实现降低企业风险的目的。

三、基于委托代理理论的分析

委托代理理论认为，委托代理关系是一种契约关系，企业本质界定了契约双方的委托代理义务，代理人应为保护委托人的利益采取必要的行动，保证委托人的利益不受侵害，而委托人应根据代理人的行为支付一定的报酬。委托代理关系是现代分工的具体表现，而在企业内部，众多要素所有者根据各自分工的不同，必然会产生交易。企业的本质是由一组契约组成，必然存在委托代理关系，而且体现了两个层次的委托代理关系：第一层是要素所有者和经营者之间的委托代理关系；第二层是经营者和企业员工之间的委托代理关系。根据"有限理性人"假说，在现实生活中，由于签订的契约具有不完备性，要素所有者具有机会主义行为倾向，并且根据信息传递的不对称和交易费用的观点，现代企业必然产生各种代理问题。詹森和麦克林（1998）认为，企业主要有三类代理成本：（1）对代理人的监督成本。（2）担保成本。也就是代理人承诺不会采取有损委托人的行动或保证如果发生损害将给予委托人补偿。（3）剩余损失。也就是使委托人效益最大化的行为与代理人行为的偏差对委托人造成的损失。由此可以看出，代理问题的产生，最根本原因是代理人和委托人的目标函数不一致，那么，委托方应采取什么样的方式来解决代理问题呢？一种有效的方式就是控制。与委托代理关系类似，内部控制体系也分为两个层次：第一层是要素所有者对经营者的控制，也就是企业层面的内部控制；第二层是经营者对企业普通员工的控制，即企业微观层面的内部控制。第一个层次的委托代理问题主要通过企业治理控制来解决，第二个层次的委托代理问题需要通过完善企业内部管理体系来解决，两个层面的控制都是为了解决代理问题，降低由此产生的企业风险。

综上可知，现代企业的内部控制体系是为了更好履行和维护企业契约主体之间的产权受托责任而存在的。内部控制体现了企业契约的本质，作为企业契约本质的实现机制，有效弥补了企业契约的不完全性，节约了交易费用，协调了企业主体的利益冲突，减少了契约的不确定性，从而降低了企业风险，保证了企业的正常运作和发展。

四、基于投资者保护理论的分析

投资者保护理论是公司治理领域重点关注的一个问题，通过有效的内部控制建设，更好地防范欺诈和降低风险，最终达到保护投资者利益的目的。投资者保护理论是基于委托代理理论产生的，核心内容是防止企业内部人（控股股东和管理层）对外部人（债权人和中小股东）的掠夺。早期的投资者保护研究主要出现在美国，以委托代理理论为基础，是为了解决股权分散时企业存在的"代理成本"问题。通过企业契约双方建立完备的契约关系，实现对管理者有效的约束和激励。完备的契约关系包括，政府层面对企业的管理层的约束以及外部投资者通过股权集中来完善契约，即通过激励契约和声誉契约来限制代理人。

LLSV[1]在 20 世纪 80 年代开创性的研究了法律制度差异对投资者保护的影响，分析了不同国家股东和对债权人进行保护的法律条文，认为不同地区法律对投资者的保护程度不同，会显著影响企业在不同资本市场上的融资能力，进而影响资本市场的发展，从而得出对投资者保护得越好，公司治理水平越高的结论。

虽然投资者保护理论的发展先后经历了契约主导型和法律主导型的转变，但它一直强调制度规则对于投资者和资本市场的影响。尽管对于内部控制和公司治理二者的概念界定尚未形成定论，但毋庸置疑的是，二者的最终目的都是实现对投资者利益的保护，因此二者都以防范舞弊、增加信息透明度为研究内容，通

---

[1] LLSV 是四位学者的组合简称：20 世纪 90 年代中后期，拉波塔（La Porta）、洛配兹·西拉内斯（Lopez-de-silanes），安德烈·施莱弗（Andrei Shleifer）和罗伯特·维什尼（Robert W. Vishny）四位学者，通过整理美国的政治、法律、宗教、文化和经济等各方面量化数据，第一次将法律因素引入到解释金融发展和经济增长的具体研究中，由于他们经常一起署名发表文章，学界简称 LLSV 组合。

过建立规则体系和机制设计来实现对投资者利益的保护，并且这一过程都需要建立在成熟的法律监管环境和完备契约的基础之上。同时，由于公司治理偏重于防范对投资者利益的掠夺，而内部控制则侧重于防范企业内部的舞弊行为，没有过多地关注投资者保护，所以从制度基础的角度探讨内部控制的完善就显得尤为重要。

投资者保护和内部控制具有密不可分的联系。第一，内部控制制度包含了对企业组织结构的设置，影响内部控制的外部机制（如市场、法律环境及交易规则等）也影响投资者利益的保护，而内部机制（如企业组织结构等）在一定程度上也影响了对投资者利益的保护。企业通过内部控制建立有效的组织结构，影响对投资者利益的保护，进而影响资本市场上投资者的关注度。第二，如果企业内部控制有效性高，其组织设置必然会更好地降低代理成本，最终使投资者获取更多的剩余收益。第三，从美国内部控制理论的发展过程看，企业内部控制制度更多地强调经营效率和财务报告的可靠性，而没有考虑投资者保护，我国学者在进行相关研究时也忽视了对这一问题的研究，但深究其理，其原因是美国的内部控制目标设定主要依据的是其自身的制度和现实背景，从股权结构的内生性角度来看，企业股权结构也会影响公司治理效率和相关政策制定导向。在美国的制度环境下，公司股权高度分散，并且相关法律监管、投票机制以及交易策略等都已经对投资者利益给予了高度的保护，而内部控制制度只是为了提高企业运行效率，增加信息的可靠性。而在我国的资本市场上，国有控股公司普遍具有"一股独大"的特征，近年来资本市场上产生的一系列问题，如虚构利润、违规担保、关联交易等都与股权高度集中有关。不仅如此，我国资本市场和市场化程度不高、政府干预现象比较严重，法律建设也不完善，在外部控制机制对投资者保护不足的情况下，内部控制可以发挥更多的监督制约职能，弥补外部机制的不足，有效降低企业风险，成为完善投资者保护的重要制度安排。

五、基于机制设计理论的分析

机制设计理论是现代西方经济学中的热门领域，该理论运用一个统一的模型把所有的经济机制放在一起进行研究，但不是简单的拼凑。它可以把任何一个经济机制作为对象进行研究。以内部控制为例，如何在自由选择、自愿交换的分散化决策条件下，设计一个有效的内部控制机制，使得企业内外部的利益相关者和机制的设计者——管理者既定的目标一致，这里需要考虑两个问题：一个是信息成本问题，即所指定的机制是否只需较少的信息成本；另一个是机制的激励问题，即在所制定的机制下，各个参与者即使追求了个人目标，其客观结果也可以达到设计者所要实现的目标。因此，在设计内部控制制度时，需要在考虑信息不完全和不确定的条件下，借助外部机制的有效结合，实现信息成本最小化，并且对内部控制机制的各参与人形成一定的激励，最终实现降低企业风险和机制效率最大化的目标。

六、基于内部控制理论的分析

从内部控制目标的发展过程来看，企业实施内部控制都是为了保证内部控制目标的实现，任何偏离企业内部控制目标的行为、过程和结果，对企业来说都意味着风险，都需要予以一定的控制（杨有红和李宇立，2011；方红星和池国华，2011）。内部控制是为了控制企业风险，其功能是有效预防和降低企业风险（谢志华，2001；张先治和戴文涛，2010；刘明辉，2010；方红星和池国华，2011）。从企业经营管理的实践看，内部控制有效性差的公司一般生产经营活动比较复杂，会计财务风险较高，内部控制制度不完善，公司治理必然存在一定的缺陷和经营风险（田高良等，2010）。当会计信息质量不高时，处于信息劣势一方会为面临的信息风险要求一个溢价（Leuz and Verrechia，2000）。

从利益相关者的角度来看，对于债权人来说，当公司内部控制存在重大缺陷时，其对外公布的财务数据的准确度就有所降低，而主要通过财务数据来了解公司实际经营状况的债权人对财务报告的依赖程度就会下降，进而影响到债权人对公司经营风险和财务风险做出重要评价的能力（Sengupta，1998）。另一方面，如果公司内部控制存在重大缺陷，必然失去对管理层的有效监督和控制，管理层会实施在职消费、过度投资等侵害投资者利益的行为（W. Ge，S. McVy，2005；Lambert et al.，2007），从而增加债务的违约风险。

第二节　公司治理机制对内部控制有效性影响企业风险的调节作用

上文对投资者保护理论的分析可知，当内部控制有效性影响企业风险时，会受到外部和内部制度环境的影响。从广义的公司治理概念来看，公司治理通过一套正式的或非正式的、内部的或外部的制度或机制来协调企业与全部利益相关者之间的利益关系。公司治理文献（Denis，2001；Berkovitch and Israel，1996）按照制度设计所利用资源的来源，将公司治理划分为外部治理和内部治理两部分。在研究内部控制有效性对企业风险的影响时，不仅要考虑内部治理因素的影响，还要考虑外部治理因素的影响。

　　关于公司治理和内部控制之间的关系，学术界主要存在以下三种观点：第一种观点是内部控制基础论，认为内部控制是公司治理的基础（杨雄胜，2005）；第二种观点是公司治理要素论，认为公司治理是影响内部控制的制度性因素（阎达五和杨有红，2001；张立民和唐松华，2007）；第三种观点是公司治理和内部控制嵌合（或契合）论，认为内部控制与公司治理具有高度相关关系，是你中有我、我中有你的关系（王蕾，2001；李连华，2005；肖翠云和李四海，2009）。但实证检验如何，学者们也得出了不同的结论。本章拟从广义的公司治理出发，研究公司外部治理和内部治理对内部控制有效性影响企业风险的作用机制。

　　公司治理和内部控制无论从目标还是过程来看，都有着千丝万缕的联系，且两者目标一致。公司治理的目标是实现股东财富最大化，内部控制的目标是合理保证企业目标的实现，同时，只有实现了企业目标，才能达到股东财富最大化，换言之，内部控制目标的实现，有助于公司治理目标的实现。而且，内部控制只能为企业目标的实现提供"合理的保证"，而不是"有效的保证"，只有通过建立强有力的公司治理机制，以及公司治理和内部控制的有效衔接，内部控制制度才能得到切实可行的贯彻实施（杨有红和胡燕，2004），才能保证内部控制目标的实现。因此在研究内部控制有效性降低企业风险的效应时，还需要考虑公司治理机制的影响。

一、外部治理机制对内部控制有效性影响企业风险的调节

　　公司的外部治理机制包含的因素很多，本章基于内部控制有效性和企业风险的特点以及我国的制度环境，选择市场化程度、法律法规的完善程度、政府干预程度、审计质量和媒体监督五个因素来考察外部治理机制对内部控制有效性和企业风险的影响。

1. 市场化程度

在我国，区域经济社会发展的进程可以用市场化进程和区域综合发展情况来衡量。改革开放以来，我国政府致力于进行市场化的改革，改革的进程对每一个经济实体都会产生直接和深刻的影响。市场化进程快的区域，政府对自己的作用认识得更加清楚，因此会减少对市场和企业的行政干预，减轻了企业税收以外的行政负担，更多地借助市场手段进行资源的配置，这将给企业经营管理和制度建设提供一个更为宽松的环境，有利于企业进行内部制度的建设和完善。

第一，中介组织是市场和政府之间的桥梁，某种程度上代表政府行使政府不宜直接行使的职能，是政府与市场之间的润滑剂，并且可以监督企业行为，发挥"经济督察"的作用。特别是会计师事务所和管理咨询机构的发展和执业质量的提升，为公司内部控制的建设和评价提供了直接的支持。第二，市场经济是法治经济，一切都应该按照规则进行。因为完善的法律制度能够提高资源配置的效率、降低交易成本，激励市场主体按照法律规则从事经营活动。第三，市场化进程越快的区域产品和要素市场发育程度越高，市场价格识别优质公司的信号传递功能就越强，竞争就越规范，从而促使企业强化内部经营管理，提升企业竞争能力。在这样的区域，市场中非国有经济逐渐壮大，成为经济增长的主要动力和增长点。相较于国有经济，非国有经济产权关系相对明晰，因此能够做到以市场为导向，根据市场需求的变化及时调整战略、改变经营方针，生产适销对路的产品。随着越来越多的垄断领域被打破，非国有经济逐渐渗透进国有经济经营的范围，推动了国有经济经营模式和理念的改变，提高了国有经济运行的效率和效果；同时非国有经济的发展提高了市场的竞争程度，迫使企业提高经营管理水平，以维护和强化自己的竞争地位。

　　按照新古典经济学的观点，市场是交易发生和商品交易的场所，但这种解释在新制度经济学看来是极其简单、模糊和不充分的。新制度经济学认为，市场是组织化、制度化的交换。也就是说，市场也是一套社会制度（康芒斯，1983；霍奇逊，1993），它对各市场主体发挥着"看不见的手"的约束作用。改革开放三十多年以来，我国的市场经济发展已经取得了举世瞩目的成就，但是各地区的市场化程度却不平衡，存在较大的差异（孙铮等，2005）。在市场化程度较高的地区，信息披露更透明、政府行政干预更少、市场竞争更激烈，因此企业面对市场竞争的压力，会对风险更敏感，更有动力通过建立和实施内部控制来强化财务报告质量，保证资产安全，提高经营效率（刘启亮等，2012）。相反，在市场化程度较低的地区，政府行政干预多，市场竞争不公平，因此企业往往会通过寻求政治关联等"特权"方式来获得一定的经济资源和利益，从而导致企业忽视经营管理，对内部控制的重视不够。因此本章分析了市场化程度对内部控制有效性降低企业风险的作用机制。

　　2. 法律法规的完善程度

　　由公共压力理论可知，法律制度具有权威性和强制性等特点，因此法律制度是政府对企业最直接、最具威慑力的一种压力（靳文辉，2009），将内部控制建设以法规的形式颁布，为内部控制建设提供了法律保障。近年来，我国监管部门对内部控制制度的建设给予了足够的重视（杨雄胜等，2007），内部控制制度经历了从无到有、逐步完善的过程。2000 年，我国第二次修订的《中华人民共和国会计法》首次以法律形式要求企业建立和实施内部控制（主要是会计控制），随后，证监会、银监会、保监会、上海证券交易所和深圳证券交易所等监管机构发布了一系列的指引来完善内部控制建设。2008 年 5 月和 2010 年 4 月，财政部、证监会、审计署、银监会和保监会五部委联合发布了《企业内部控制基本规范》和《企业内部控制配套指引》，构成了我国内部控制制度的完整体系，完善了我国内部控制规范法规的建设。这一系列内部控制规范是从中央层面强制颁布实施的，在这一强制要求下，地方监管部门的态度会显著影响这些法律制度的实施效果（陈冬华等，2008）。以湖北为例，2008 年至今，湖北省发布的地方法规中有二十多个文件提到了应加强内部控制，如湖北省财政厅印发的《财政部门内部监督检查实施办法（试行）》等，从多角度加大了内部控制规范实施的监督力度，有些地方监管机构甚至将内部控制有效性作为国家控股企业的考评标准。地方政府从法规的高度来强调内部控制的重要性，必将推动内部控制的制度建设（杨有红，2011）。企业为应对严密的法律监管要求，会自觉强化自身的风险管控意识，加强内部控制建设，努力提高内部控制有效性。由此可见，地方法律制度的不断完善不仅关系到中央层面法规的实施效果，而且从地方层面对企业形成一种直接的监管压力，促使企业积极推动内部控制制度的建立和实施。因此本章分析了法律法规的完善程度对内部控制有效性降低企业风险的作用机制。

3. 政府干预程度

不同法源的地区对外部投资者的保护存在系统性差异（La Porta et al.，2000），尤其是对于转型经济国家，市场经济不发达时，经济秩序的维护不是依赖严谨的法律制度，而主要依赖行政机制（Pistor and Xu，2005）。当前我国正处于这样的转型阶段，政府行政干预在经济活动中随处可见，这一方面是计划经济的惯性所致，另一方面也与社会快速转型、法律制度建设滞后有关（杨有红，2011）。不同地区对投资者产权保护存在较大差异，政府干预也显著不同。市场化程度较低、对投资者产权保护不足的地区，政府在财政、税收、就业、资源需求等多重压力下，对企业的行政干预比较多，企业面对过多的政府干预行为，也更有动机通过良好的政企关系建立政治关联，从而获取更多的资源优势（比如融资优势和补贴优势）和对自身产权的保护（刘启亮等，2012），不重视企业自身的经营管理，进而导致对内部控制建设的投入不足。而在市场化程度较高的地区，对投资者产权保护比较到位，政府为推动地区经济发展，会尽量减少对企业经营活动的干预，为企业创造公平竞争的市场环境，企业在公平的竞争环境下，更加重视内部经营效率，希望通过推动内部控制制度的建立和实施提升内部控制有效性，实现资源的优化配置。因此本章分析了政府干预程度对内部控制有效性降低企业风险的作用机制。

4. 审计质量

审计质量的高低直接影响审计师发现被审计对象在会计制度上违规并公开揭露这种违规行为的联合概率，这一过程取决于注册会计师的独立性和专业胜任能力。一方面，注册会计师审计对于企业内部控制制度建设具有监督约束作用，在我国的制度环境下，由于法规建设还不完善，注册会计师最主要的审计风险是上市公司被监管部门查处的风险，即监管风险（宋衍衡和肖星，2012）。为降低监管风险，注册会计师会首先对被审计单位的控制环境进行全面了解，通过扩大内部控制测试范围和程度对企业的内部控制有效性进行判断，并进一步对发现的内部控制缺陷提出有效的改进建议（陈丽红和张龙平，2010）。另一方面，注册会计师专业胜任能力越强，审计质量越高，越容易发现企业内部控制各个环节存在的缺陷，注册会计师为提高审计质量，往往会为改善企业内部控制缺陷提供更好的方案。因此本章分析了审计质量对内部控制有效性降低企业风险的作用机制。

5. 媒体监督

媒体监督理论强调媒体会报道上市公司的某些丑闻或不当行为（Miller，2006），媒体作为一种有效的信息中介（Bushee et al.，2010），通过影响企业和经理人声誉，最终促使企业改进治理（郑志刚，2007；Dyck et al.，2008；李培功和沈艺峰，2010）。企业内部控制失效引发的财务舞弊行为，是资本市场利益相关者都普遍关注的问题，媒体非常有兴趣去挖掘这类企业的不当行为来行使其监督职责。与独立董事和外部审计制度等显性监督机制容易被各种关系所收买不同，媒体可以发挥变"隐性"约束为"显性"约束的作用，当政府和市场失灵或者失效时（North，1981），发挥重要的监督职能。这也能够解释为什么多年前的安然、银广夏和2011年的紫鑫药业，相关的财务问题最初都是由媒体曝光的。但也有研究表明，媒体监督在中国只有发现功能，并不能对上市公司的行为产生实质影响（贺建刚等，2008）。那么转换一种思路，根据于忠泊等（2011）提出的市场压力假说，对于媒体关注度和曝光率高的企业，管理层是否会出于自身声誉的考虑，为避免财务舞弊等财务丑闻可能对其个人及企业声誉的影响，更有动机加强内控控制制度的建立和实施，有效防止错误舞弊的发生，提高内部控制有效性？因此本章分析了媒体监督对内部控制有效性降低企业风险的作用机制。

二、内部治理机制对内部控制有效性影响企业风险的调节

企业内部控制有效性和企业风险不仅受到外部治理机制的影响，也受到内部治理机制的影响，本章选择股权结构和董事会治理两个层面的治理机制来探讨内部治理机制对内部控制有效性影响企业风险的调节作用。

1. 股权结构

股权结构是企业内部治理机制的产权基础，通过影响企业所

有权的配置效率，最终对公司管理层的决策行为产生影响。而对于企业存在的委托代理关系而言，股权结构差异以及股权制衡关系会对委托代理关系产生影响，从而对内部控制制度的设计和执行产生影响，并影响到对管理层的监督，最终对资源配置效率和产出产生影响（李颖琦和俞俊利，2012）。一方面，股权性质会影响企业的内部控制制度的建立积极性，因为与非国有企业相比，国有企业更容易获得国家的政策支持，对中小股东的依赖性较低，而非国有企业的资金主要来源于资本市场，为获得外部利益相关者的信任，更有动力构建完善的内部控制制度。另一方面，股权集中度一定程度上反映了企业股权的分布情况以及股权之间的制衡关系，也体现了控股股东对公司的控制能力，并且最终会影响企业内部控制的目标以及运行效果。股权过于分散或过于集中都会引发内部人控制问题（程新生，2005），所以股权结构的集中或分散度会通过经理层行使控制权而影响内部控制有效性。张先治和戴文涛（2010）通过问卷调查发现，股权集中度、股权制衡度和股权性质会对内部控制产生较大的负面影响。吴益兵等（2009）发现，企业股权结构影响内部控制有效性，控股股东性质会影响到企业在内部控制建设和实施中投入的资源和力度，良好且具有制衡度的股权结构是企业内部控制制度实施的基础。因此本章主要从股权性质、第一大股东持股比例和机构投资者持股比例三个方面来分析股权结构对内部控制有效性降低企业风险的调节作用。

2. 董事会

董事会在公司治理中居于主导地位，也是内部控制环境的重要因素，董事会与经理一起构成内部控制的实施主体。研究发现，董事会在监督内部控制缺陷的及时修正方面具有重要作用，在董事会的有效监督下，企业内部控制缺陷能够及时修正，从而保障内部控制的有效运行（Goh，2009；Hoitash et al.，2009）。国内外研究发现，独立董事比例和董事会会议次数会显著影响董事会效率，进而影响公司价值和内部控制（Hoitash et al.，2009；王跃堂等，2006；张先治和戴文涛，2010）。因此，为证明独立董事比例和董事会会议频率会对内部控制有效性存在一定影响，本章选择独立董事比例和董事会会议频率来分析董事会对内部控制有效性降低企业风险的调节作用。

第七章

公司治理机制下内部控制有效性影响企业风险的实证研究

基于第六章的理论分析，本章以我国沪市 A 股上市公司为样本，实证考察内部控制有效性对企业风险的影响以及公司治理机制对内部控制有效性影响企业风险的调节作用。

第一节 研究假设

根据第六章的理论分析，为考察内部控制有效性影响企业风险以及公司治理机制下内部控制有效性对企业风险的影响，本章提出以下假设：

H1：内部控制有效性越高，降低企业风险的效果越显著；

H2：企业所处地区的市场化程度越高，内部控制有效性降低企业风险的效果越显著；

H3：企业所处地区法律法规越完善，内部控制有效性降低企业风险的效果越显著；

H4：企业所处地区的政府的干预越少，内部控制有效性降低企业风险的效果越显著；

H5：审计质量越高，内部控制有效性降低企业风险的效果越显著；

H6：媒体关注度越高，内部控制有效性降低企业风险的效果越显著；

H7：与民营企业相比，国有企业的内部控制有效性能够显著降低企业风险；

H8：第一大股东持股比例越高，内部控制有效性降低企业风险的效果越显著；

H9：机构投资者持股比例越高，内部控制有效性降低企业风险的效果越显著；

H10：独立董事比例越高，内部控制有效性降低企业风险的效果越显著；

H11：董事会会议频率越高，内部控制有效性降低企业风险的效果越显著。

第二节　研究设计

一、样本选择与数据来源

本章选取 2009—2012 年我国沪市 A 股上市公司为研究样本，并根据以下标准进行筛选：（1）剔除同时发行 A 股、B 股和 H 股的上市公司样本；（2）剔除金融类上市公司；（3）剔除资料不全的公司；（4）剔除 ST 公司。本章所使用的数据主要来自 CCER 经济金融数据库、国泰安数据库、中国咨询行数据库和巨潮资讯网，部分数据通过手工收集整理，数据分析处理过程主要采用 STATA12.0 和 Excel 来完成。

二、变量解释

1. 企业风险

被解释变量为企业风险，目前关于企业风险的度量主要分两大类：一类采用资本市场数据形成的变量，如股票收益波动率和贝塔系数等；另一类采用会计数据形成的变量，如利润的波动率、财务杠杆等。在西方发达的资本市场，一般选择股票收益波动率和贝塔系数来衡量企业财务风险，而我国资本市场还不发达，投资者投机行为比较严重，投资者保护的法律制度还不完善，因此，会计数据虽然存在很大噪音，如盈余管理等，相对来说，它比用资本市场数据衡量企业风险更合理（陈文婷和李新春，2008；于富生等，2008；戴文涛，2011）。

因此，本章采用会计数据为基础来衡量企业风险。企业风险主要来源于经营风险和财务风险，在成熟的财务管理理论中，财务杠杆具有杠杆的撬动效应，分别通过经营杠杆系数（DOL）和财务杠杆系数（DFL）来表征企业的经营风险和财务风险。在经营杠杆和财务杠杆的共同作用下，销售量的变动，会引起每股收益更大幅度的变动，通常将两种杠杆的共同作用称为综合杠杆，因此本章参照 Dechow and Ge（2006）的方法，采用综合杠杆系数来衡量企业整体风险。

经营杠杆一般采用经营杠杆系数来表示，即企业息税前利润（$EBIT$）变动率与销售量（Q）变动率之间的比率，具体见公式（7—1）。经营杠杆系数越大，表明经营杠杆作用越大，经营风险也越大。

$$DOL = (\Delta EBIT/EBIT)/(\Delta Q/Q)$$
$$= (\Delta EBIT/EBIT)/(\Delta S/S) \qquad (7—1)$$

财务杠杆通常用财务杠杆系数表示，即企业每股收益（EPS）变动率与息税前利润（$EBIT$）变动率的比率，具体见公式（7—2）。财务杠杆系数越大，表明财务杠杆作用越大，财务风险也越大。

$$DFL = \frac{\Delta EPS/EPS}{\Delta EBIT/EBIT} \qquad (7-2)$$

综合杠杆用综合杠杆系数（DTL）来衡量，具体见公式（7—3）。

$$DTL = DOL \times DFL = \frac{\Delta EBIT/EBIT}{\Delta Q/Q} \times \frac{\Delta EPS/EPS}{\Delta EBIT/EBIT}$$

$$= \frac{\Delta EPS/EPS}{\Delta Q/Q} \qquad (7-3)$$

2. 内部控制有效性

内部控制有效性根据第四章建立的内部控制有效性评价指标得分来衡量。

3. 市场化程度

与第五章的变量解释部分相同。

4. 法律法规的完善程度

与第五章的变量解释部分相同。

5. 政府干预程度

与第五章的变量解释部分相同。

6. 审计质量

与第五章的变量解释部分相同。

7. 媒体监督

与第五章的变量解释部分相同。

8. 股权结构

本章从控股股东性质、第一大股东持股比例和机构投资者持股比例三个方面来反映股权机构，其中控股股东性质根据是不是国有控股公司，如果是国有控股公司，该变量取值为1，否则为0；第一大股东持股比例根据第一大股东持有的股份占全部股本的比例来衡量；机构投资者持股比例根据机构投资者持有的股份占全部股本的比例来衡量。

9．董事会特征

本章根据独立董事占董事会人数比例和董事会会议次数来衡量董事会特征。

10．控制变量

结合我国上市公司的实际情况，根据以往相关研究，本章考虑如下控制变量对企业风险的影响：公司规模（姜付秀等，2006；于富生等，2008；张敏和黄继承，2009；戴文涛等）、成长性（Thompson，1984；姜付秀等，2006；于富生等，2008；张敏和黄继承，2009；）、多元化（Montgomery，1984；Barton，1988；于富生等，2008；张敏和黄继承，2009）、上市公司年限（于富生等，2008；张敏和黄继承，2009；戴文涛，2011）、资产负债率和盈利能力（姜付秀等，2006；张敏和黄继承，2009）。此外，本章还控制了行业和年度的影响。具体变量的描述和定义见表7-1。

表7-1　　　　　　　　　　　变量解释

	变量名称	变量符号	变量定义
被解释变量	企业风险	Risk	采用综合杠杆系数来衡量
解释变量	内部控制有效性	IC	根据第四章内部控制指标体系计算结果而来
	公司治理	GG	由以下十个指标来衡量
外部治理因素	市场化程度	MAR	根据樊纲等（2011）的市场化指数而来
	法律制度的完善	Law	地方政府发布的内部控制法规的数量
	政府干预程度	GOV	根据樊纲等（2011）的政府与市场的关系指数而来
	注册会计师审计	AQ	根据式（5—4）计算而来
	媒体监督	Media	新闻媒体对公司的曝光率

	变量名称	变量符号	变量定义
内部治理因素	产权性质	State	国有控股取 1，其他为 0
	第一大股东持股比例	FS	根据控股股东持股比例计算
	机构投资者持股比例	IS	根据机构投资者持股比例计算
	独立董事比例	IM	独立董事占董事会人数比例
	董事会会议次数	Meet	根据董事会会议次数计算
控制变量	资产规模	Size	公司年末总资产的自然对数
	上市年限	Age	根据上市公司上市年限计算而来
	资产收益率	ROA	年末净利润除以总资产
	资产负债率	AD	年末负债总额除以总资产
	多元化	SEG	公司业务分部数量
	成长性	Grow	公司营业收入变动额除以上年度营业收入
	行业虚拟变量	$\sum$IND	根据中国证监会颁布的《上市公司行业分类指引》划分上市公司所属行业。本章样本公司分属于 13 个行业
	年度虚拟变量	$\sum$YEAR	以 2009 年为基准，设立三个虚拟变量

三、检验模型

为了检验内外部公司治理机制对内部控制降低风险效应的影响，本章构建了以下模型：

$$RISK_{i,t} = \beta_0 + \beta_1 IC_{i,t} + \beta_2 SIZE_t + \beta_3 AGE_t + \beta_4 ROA_t$$
$$+ \beta_5 AD_t + \beta_6 SEG_t + \beta_7 GROW_t + \sum IND$$
$$+ \sum YEAR + \varepsilon \qquad (7\text{—}4)$$
$$RISK_{i,t} = \beta_0 + \beta_1 IC_{i,t} + \beta_2 IC_{i,t} \times GG_{i,t-1} + \beta_3 SIZE_t$$
$$+ \beta_4 AGE_t + \beta_5 ROA_t + \beta_6 AD_t + \beta_7 SEG_t$$

$$+ \beta_8 GROW_t + \sum IND + \sum YEAR + \varepsilon$$

$$(7-5)$$

其中，各变量的具体含义见表 7-1，模型（7—4）用来考察内部控制有效性对企业风险的影响；模型（7—5）用来考察在公司治理相关因素的影响下，内部控制有效性降低企业风险的效应。模型中 IC_i 代表不同的内部控制指标，IC 表示内部控制有效性综合指标；IC_1 表示合法合规指标；IC_2 表示资产安全指标；IC_3 表示财务报告指标；IC_4 表示经营目标指标；IC_5 表示战略目标指标，GG 代表公司治理的相关变量。由于公司治理与内部控制有效性之间可能存在相互影响的内生性问题，本章将公司治理变量采用第 $t-1$ 期的数据进行回归，其他控制变量不受这一因素影响，因此仍采用第 t 期的数据。

第三节　实证分析

一、描述性统计

表 7-2 是对全部样本的描述性统计，为消除极端值的影响，本章将连续变量都进行了 1% 的缩尾处理。统计结果表明：风险的均值是 3.98，最小值是 -1.93，最大值是 9.38，标准差是 3.38。这表明我国上市公司的风险水平普遍偏高，并且不同公司的风险水平差异较大；因为本章选择的样本是沪市比较成熟的公司，所以上市年限的均值是 11.05，上市年限较长；资产负债率的均值是 0.52，处于一个比较合理的范围，资产规模的均值是 22.08，成长性的均值是 -2.55，也体现了成熟公司的特性，即成长性比较低；产权性质的均值是 0.69，说明样本中大部分的公司是国有控股公司；多元化的均值是 2.7，说明大部分公司都采

取了多元化策略；内部控制指数的均值是 59.75，说明样本公司的内部控制平均水平不高，内部控制指标的最大值与最小值之间的差距比较大，说明不同公司的内部控制水平存在较大差异。而市场化程度、法律法规的完善程度、政府干预程度、审计质量和媒体监督等外部治理因素的标准差都比较大，说明不同地区的制度环境建设不均衡，不同公司所面临的公司治理机制存在较大差异。在内部治理因素中，机构投资者持股比例均值为 0.15，表明机构投资者持股比例普遍偏低；第一大股东持股比例均值为 0.36，表明股权相对比较集中，独立董事比例均值为 0.35，我国公司法要求公司独立董事比例一般不少于三分之一，这一数字说明大部分公司都是按照这一最低要求来设置独立董事的人数的。

表 7-2   描述性统计

变量	均值	标准差	最小值	最大值
Risk	3.98	3.38	−1.93	9.38
Age	11.05	3.69	3	21
AD	0.52	0.18	0.03	1.06
Size	22.08	1.14	18.83	26.49
ROA	0.04	0.06	−0.65	1.44
Grow	−2.55	76.05	−2 841	133.3
SEG	2.7	1.72	1	16
FS	0.36	0.16	0.04	0.85
IS	0.15	0.16	0	0.9
IM	0.35	0.09	0	0.67
Meet	8.74	3.99	0	33
State	0.69	0.46	0	1
Mar	8.94	2.19	0.38	11.8
Gov	8.71	1.53	−4.66	10.15
AQ	7.55	9.63	0.14	201.54
Law	7.2	7.1	0	26
Media	32.04	79.78	0	1 764
IC	59.75	4.1	15.27	96.57

二、回归分析

1. 内部控制有效性对企业风险的影响

我们考察了表 7-1 中所有变量的 VIF 值，发现均小于 2，表明模型不存在严重的多重共线性问题。表 7-3 的第一列列出了对模型（7—4）的检验结果，实证结果表明，内部控制有效性与企业风险水平在 1% 的水平上显著负相关，证明内部控制有效性越高，越能显著降低企业风险。对于控制变量来说，我们发现：上市公司的成立时间和企业风险在 1% 的水平上显著负相关，上市公司资产负债率、资产规模、成长性、多元化程度与企业风险在 1% 的水平上显著正相关，资产回报率与企业风险具有不显著的负相关关系。这说明上市公司的成立时间越长，越能够显著降低企业财务风险；资产负债率越高、资产规模越大、成长性越高和多元化程度越大都越会显著增加企业的财务风险。资产回报率与企业风险没有显著的关系。

2. 外部治理机制对内部控制降低企业风险效应的影响

表 7-3 的第二列至第六列分别考察了市场化程度、政府干预程度、审计质量、法律法规的完善程度和媒体监督五个外部治理因素对内部控制降低企业风险效应的影响，将这五个外部治理因素分别代入模型（7—5）进行 logistics 回归。回归结果表明，考虑了外部治理因素之后，内部控制有效性仍然能显著降低企业风险。根据回归结果也得到了一些有趣的结论，即这些外部治理因素对内部控制有效性降低企业风险的效应具有不同的影响。（1）市场化程度越高，越有助于企业通过内部控制降低企业风险，这充分表明，市场化程度越高的地区，企业为了向市场传递健康发展的信号，越会努力加强内部控制建设，提高内部控制有效性；（2）政府干预越少，越助于企业通过加强内部控制来降低企业风险，这说明政府干预较多的地区，企业更倾向于通过寻求

政治关联等方式来获取资源优势保护自己的利益，而忽视了自身内部控制建设；（3）媒体关注度越高，越有助于企业通过提高内部控制有效性来降低企业风险，因为媒体关注度较高的企业，其信息更加公开透明，为了避免不良信息在资本市场上对企业造成影响，更有动力通过加强内部控制建设来提高企业的风险管控能力，以此来增强投资者对企业的信心；（4）审计质量对内部控制降低企业风险的效应没有显著影响，这可能是由于我国的注册会计师在参与报表审计时，会或多或少针对内部控制建设提出咨询建议，但对内部控制有效性改进施加的影响有限，进而对内部控制降低企业风险的效应也没有显著的影响；（5）法律法规的完善有助于整体内部控制水平的提高，降低了企业内部控制有效性降低企业风险的边际效应，法律法规越完善，表明地方政府越重视内部控制制度建设，通过法规对内部控制的重视，可以强化企业管理层对内部控制重要性的认识，增强企业内部控制建设的强制性。这些结论充分表明，企业外部治理因素会对内部控制降低企业风险的效应产生一定的影响，在研究内部控制有效性经济后果时，需要考虑外部治理因素的影响。

表 7-3   外部治理机制对内部控制有效性降低企业风险的调节作用

变量	(1)	(2)	(3)	(4)	(5)	(6)
Age	−0.09***	−0.09***	−0.09***	−0.09***	−0.09***	−0.09***
	(−3.15)	(−3.24)	(−3.22)	(−3.23)	(−3.01)	(−3.12)
AD	16.96***	16.91***	16.95***	16.34***	17.02***	16.93***
	(25.49)	(−25.40)	(−25.48)	(−23.83)	(−25.57)	(−25.43)
Size	0.63***	−0.63***	−0.63***	−0.67***	−0.62***	−0.64***
	(6.32)	(−6.35)	(−6.30)	(−6.74)	(−6.22)	(−6.37)
ROA	−1.880	−1.790	−1.850	3.830	−2.340	−1.680
	(−0.83)	(−0.79)	(−0.82)	(1.38)	(−1.03)	(−0.74)
Grow	0.011***	−0.01***	−0.01***	−0.01***	−0.01***	−0.01***
	(3.11)	(−3.13)	(−3.19)	(−3.14)	(−3.47)	(−2.98)

续表

变量	(1)	(2)	(3)	(4)	(5)	(6)
SEG	0.17***	−0.17***	−0.17***	−0.17***	−0.17***	−0.16***
	(2.76)	(−2.78)	(−2.77)	(−2.76)	(−2.72)	(−2.69)
IC	−0.27***	−0.150*	−0.100*	−0.28***	−0.32***	−0.26***
	(−8.07)	(−2.47)	(−2.69)	(−8.23)	(−7.56)	(−6.71)
Maric		−0.01*				
		(−2.33)				
Govic			−0.02*			
			(−2.17)			
Aqic				0.01		
				(1.51)		
Lawic					0.01*	
					(2.85)	
Mediaic						−0.003*
						(−2.81)
年度	控制	控制	控制	控制	控制	控制
行业	控制	控制	控制	控制	控制	控制
Cons	9.65***	17.20***	19.84**	9.85***	6.68**	10.78***
	(3.50)	(2.72)	(2.18)	(3.59)	(2.10)	(3.49)
N	2 395	2 395	2 395	2 395	2 395	2 395
调整的 R^2	0.44	0.44	0.44	0.44	0.44	0.44
F	72.77***	69.24***	69.21***	70.18***	69.39***	69.15***

***表示在1%的统计水平上显著，**表示在5%的统计水平上显著，*表示在10%的水平上显著。

3. 公司内部治理机制对内部控制降低企业风险效应的影响

表 7-4 是将公司内部治理的五个指标分别代入模型（7—4）以及将公司外部治理和内部治理的影响因素一起代入模型（7—5）回归得到的结果。研究结论如下：（1）单独考虑公司内部治理的五个指标对内部控制有效性降低企业风险效应的影响，可以发现：国有企业的内部控制有效性水平较高，并不能显著降低企业

风险；第一大股东持股比例和董事会会议次数，并不能显著增强内部控制降低企业风险的效应；机构投资者持股比例较高，可以显著促进内部控制降低企业风险的效应，机构投资者持股比例较高，能够实现股权相互制衡，增强外部股东的监督约束作用；独立董事比例较高，可以通过有效的内部控制，显著降低企业风险，但董事会会议次数对内部控制降低企业风险的效应没有调节作用。（2）如果考虑公司治理的十个指标对内部控制的影响，那么与非国有企业相比，国有企业抑制了内部控制降低企业风险的效应，因为国有企业受到国家各种制度的保护，具有多种风险防范方法，内部控制有效性降低企业风险的效应并不显著。市场化程度越高、机构投资者持股比例越高、媒体关注度越高，内部控制降低企业风险的效应越显著。

表 7-4　　内部治理机制对内部控制有效性和企业风险的调节作用

变量	(1)	(2)	(3)	(4)	(5)	(6)
Age	−0.09***	−0.09***	−0.09***	−0.1***	−0.09***	−0.1***
	(−3.15)	(−3.51)	(−3.27)	(−3.61)	(−3.35)	(−3.46)
Ad	16.42***	16.28***	16.4***	16.39***	16.38***	16.39***
	(25.61)	(25.43)	(25.52)	(25.52)	(25.47)	(24.81)
Size	0.6***	0.68***	0.63***	0.65***	0.64***	0.65***
	(6.22)	(7.17)	(6.39)	(6.81)	(6.74)	(5.84)
Roa	−1.26	−1.34	−0.87	−0.87	−0.88	−2.63
	(−0.56)	(−0.59)	(−0.39)	(−0.39)	(−0.39)	(−1.1)
Grow	0.00**	0.00**	0.00**	0.00**	0.00**	0.00**
	(3.14)	(3.06)	(3.17)	(3.18)	(3.16)	(3.04)
Seg	0.16**	0.16**	0.16**	0.17**	0.16**	0.15*
	(2.78)	(2.76)	(2.8)	(2.84)	(2.73)	(2.46)
Ic	−0.28***	−0.26***	−0.28***	−0.26***	0.28***	−0.26***
	(−8.51)	(−7.78)	(−8.3)	(−7.79)	(−8.33)	(−7.02)

续表

变量	(1)	(2)	(3)	(4)	(5)	(6)
Stateic	0.01**					0.01**
	(2.88)					(2.67)
Isic		−0.04***				−0.04***
		(−4.19)				(−4.07)
Fsic			0.01			0.00
			(0.6)			(0.4)
Imic				−0.04*		−0.03
				(−1.96)		(−1.7)
Meetic					0.00	0.00
					(0.7)	(0.72)
Maric						0.00*
						(1.88)
Govic						−0.00
						(−0.77)
Aqic						0.00
						(1.51)
Lawic						0.00
						(0.74)
Mediaic						0.00*
						(2.09)
年度	控制	控制	控制	控制	控制	控制
行业	控制	控制	控制	控制	控制	控制
cons	8.97***	11.32***	9.68**	9.91***	9.95**	10.47***
	(3.33)	(4.23)	(3.52)	(3.71)	(3.71)	(3.42)
N	2 395	2 395	2 395	2 395	2 395	2 395
调整的 R^2	0.43	0.43	0.43	0.43	0.43	0.43
F	71.67***	69.54***	68.41***	70.1***	69.41***	69.23***

　　***表示在1%的统计水平上显著，**表示在5%的统计水平上显著，*表示在10%的水平上显著。

三、进一步分析——公司治理对内部控制子目标降低企业风险效应的影响

第四章建立的内部控制有效性指标体系由合法合规目标、资产安全目标、财务报告目标、经营目标和战略目标五个子目标构成，因此，本章也分别将五个子目标代入模型（7—4）和模型（7—5）进行回归，结果见表7-5和表7-6。

表7-5列出了内部控制五个子目标对企业风险的影响，回归结果表明：合法合规子指标与企业风险具有不显著的相关关系，资产安全子指标和企业风险在5％的水平上显著；财务报告子指标与企业风险具有不显著的相关关系；经营目标子指标和战略目标子指标与企业风险在1％的水平上显著。这表明，资产安全目标、经营目标和战略目标的实现有助于降低企业的财务风险，而合法合规目标和财务报告目标的实现对于降低企业财务风险没有明显的影响。这是因为资产安全目标、经营目标和战略目标关系到企业战略方针的正确与否，具体经营活动是否满足企业日常活动所需的资金和业绩要求，资产保全是否实现。另外，合法合规目标更多地是从否定的角度来考虑的，只有违反了法律，才会被监管部门察觉，更多考察的也是被发现的违反法律的行为，而我国法律体系本身并不完备，再加上企业违法行为具有隐蔽性，被发现的概率比较低；财务报告是企业对外信息披露的重要方式，企业为了满足报告需求，会尽力达到监管要求，因此并不能真正地达到降低风险的目的。在控制变量方面，公司成立年限越长，越能显著降低企业风险；资产负债率越高，企业风险越高；企业规模越大，企业风险越高；发生并购和重组的企业，企业风险较低；公司成长性和企业风险之间没有显著的相关关系；较高的多元化程度会显著增加企业风险。

表7-6列出了考虑公司治理机制的影响后，内部控制各子

表 7-5　　　　　　　　　内部控制子指标对企业风险的影响

变量	模型（7—4）				
	ic1	ic2	ic3	ic4	ic5
age	−0.08***	−0.08***	−0.08***	−0.08***	−0.09***
	(−2.73)	(−2.67)	(−2.81)	(−2.86)	(−3.25)
ad	16.59***	16.55***	16.60***	16.76***	16.74***
	(24.52)	(24.53)	(24.57)	(24.72)	(25.67)
size	0.55***	0.57***	0.56***	0.59***	0.59***
	(5.44)	(5.62)	(5.54)	(5.81)	(6.02)
roa	−9.62***	−9.65***	−9.39***	−5.35**	−0.940
	(−5.36)	(−5.38)	(−5.22)	(−2.25)	(−0.50)
grow	0.01	0.008	0.003	0.02*	0.012
	(0.30)	(0.24)	(0.31)	(2.65)	(0.25)
seg	0.18***	0.19***	0.18***	0.18***	0.17***
	(2.99)	(3.05)	(2.94)	(2.89)	(2.82)
ici	−0.350	−2.71**	−0.370	−0.15***	−0.64***
	(−0.79)	(−2.24)	(−1.52)	(−2.74)	(−11.39)
年度	控制	控制	控制	控制	控制
行业	控制	控制	控制	控制	控制
cons	23.99***	24.10***	24.07***	25.02***	24.51***
	(11.22)	(11.37)	(11.34)	(11.69)	(11.96)
N	2 395	2 395	2 395	2 395	2 395
调整的 R^2	0.420	0.420	0.420	0.420	0.460
F	66.92***	67.32***	67.08***	67.54***	78.62***

＊＊＊表示在1%的统计水平上显著，＊＊表示在5%的统计水平上显著，＊表示在10%的水平上显著。

目标的实现程度对企业风险的影响，根据回归结果可以得出以下结论：（1）加入公司治理机制的影响后，合法合规目标的实现与企业风险仍然没有显著的关系。但市场化程度较高，媒体关注度较高的企业，即使实现了合法合规目标，仍面临较高的企业风险；并且与民营企业相比，国有企业如果实现了合法合规目标，能够显著降低企业风险；机构投资者持股比例较高的公司，即使严格遵守法律，仍然面临较高的企业风险。（2）资产安全目标的实现能够显著降低企业风险。而在市场化程度较高、政府干预较少的地区，资产安全目标的实现能够进一步降低企业风险；国有企业如果实现了资产安全目标，就能够显著降低企业风险；而在机构投资者持股比例和独立董事比例较高的企业，即使实现了资产安全目标，仍面临较高的企业风险。（3）财务报告目标的实现与企业风险具有不显著的相关关系，而注册会计师审计质量对财务报告目标的实现起到互补作用，如果注册会计师审计质量较高，当企业满足财务报告目标时，就可以显著降低企业风险；国有企业如果满足财务报告目标，就可以显著降低企业风险；第一大股东持股比例较高的企业，如果实现了财务报告目标，就可以显著降低企业风险；而独立董事比例较高的公司，即使实现了财务报告目标，仍面临较高的企业风险。（4）经营目标的实现能够显著降低企业风险，而且审计质量、法律法规的完善程度和媒体关注度可以替代经营目标的实现，当经营目标实现程度较低时，审计质量越高，法律法规越完善，媒体关注度越高，越有助于降低企业风险；而与国有企业相比，民营企业只要实现了经营目标，就可以显著降低企业风险；如果机构投资者持股比例较高，只要企业实现了经营目标，就可以显著降低企业风险。（5）企业战略目标的实现能够降低企业风险，而且审计质量和法律法规的完善程度对战略目标的实现具有替代作用，当战略目标实现程度较低时，审计质量越高，法律法规越完善，越有助于降低企业风险；而与国有企业相比，民营企业只要实现了战略目标，就可以显著降低企业风险；如果机构投资者持股比例较高，只要企业实现了战略目标，就可以显著降低企业风险。

表 7-6　　公司治理机制对内部控制子目标降低企业风险效应的影响

变量	IC_1	IC_2	IC_3	IC_4	IC_5
Age	−0.09***	−0.1***	−0.09***	−0.08***	−0.1***
	(−3.21)	(−3.52)	(−3.32)	(−3.02)	(−3.73)
AD	15.89***	16.08***	15.29***	15.68***	15.08***
	(24.6)	(24.64)	(22.84)	(23.05)	(24.1)
Size	0.6***	0.6***	0.64***	0.69***	0.63***
	(6.2)	(5.8)	(6.55)	(7.09)	(6.81)
ROA	−10.23***	−10.41***	−16.72***	−11.74***	−6.54**
	(−5.82)	(−5.71)	(−7.79)	(−3.85)	(−3.11)
Grow	0	0	0	−0.00*	0
	(0.11)	(0.04)	(0.55)	(1.31)	(0.4)
SEG	0.18***	0.15***	0.16***	0.14***	0.16***
	(3.12)	(2.57)	(2.73)	(2.44)	(2.84)
IC_i	−1.460	−5.83***	−1.66	−0.08*	−1.01*
	(−0.73)	(−3.16)	(−1.80)	(−2.29)	(−2.42)
$Maric_i$	0.76*	−3.21***	−0.11	0.04	−0.07
	(2.32)	(−3.66)	(−0.39)	(0.98)	(−1.47)
$Govic_i$	−0.51	2.77***	−0.06	−0.11	−0.1
	(−1.16)	(2.93)	(−0.14)	(−1.72)	(−1.19)
$Aqic_i$	−0.05	−0.01	−0.04***	0.01***	0.01***
	(−0.97)	(−0.09)	(−4.72)	(4.27)	(5.09)
$Lawic_i$	−0.16*	−0.02	0.02	0.01*	0.02*
	(−2.45)	(−0.16)	(0.56)	(1.96)	(1.90)
$Mediaic_i$	0.05***	0.04	0	0.04*	−0
	(2.85)	(1.63)	(0.33)	(1.94)	(−0.16)
$Stateic_i$	−4.13***	−10.76***	−1.12*	0.48***	0.52***
	(−4.53)	(−4.32)	(−2.16)	(4.87)	(4.71)

续表

变量	IC_1	IC_2	IC_3	IC_4	IC_5
$ISic_i$	16.25***	30.87***	0.1	−0.76**	−1.87***
	(6.04)	(4.23)	(0.6)	(−2.58)	(−6.1)
$FSic_i$	−1.77	−1.8	−2.96*	−0.18	0.68*
	(−0.5)	(−0.25)	(−2.15)	(−0.61)	(2.26)
$IMic_i$	−1.49	32.63**	9.04**	0.16	0.71
	(−0.33)	(2.8)	(3.22)	(0.31)	(1.37)
$Meetic_i$	−0.09	0.54	−0.04	0.02	0.03
	(−0.74)	(1.76)	(−0.86)	(1.31)	(1.65)
cons	24.98***	24.71***	25.2***	26.58***	25.15***
	(12.28)	(11.3)	(12.31)	(13.12)	(12.98)
N	2 395	2 395	2 395	2 395	2 395
调整的 R^2	0.42	0.42	0.42	0.43	0.48
F	53.73	54.74	54.28	55.45	65.31

*** 表示在 1% 的统计水平上显著，** 表示在 5% 的统计水平上显著，* 表示在 10% 的水平上显著。

四、稳健性检验

此外，我们还进行了下列稳健性测试：（1）本章考察了表7-1 中所有变量的 VIF 值，发现均小于 2，表明模型不存在严重的多重共线性问题；（2）以是否披露内部控制实质性缺陷来替代内部控制有效性水平；（3）以固定资产占总资产的比重来衡量业务复杂度；（4）以是不是国内十大会计师事务所和审计收费分别替代审计质量；（5）以樊纲等（2009）的法律制度环境指数来替代地区法律制度的完善程度；（6）以地区经济发展水平，即公司注册地的人均 GDP 取自然对数作为市场化程度的替代变量。稳健性检验的结果与前面表 7-3 中的结果基本一致，不存在较大差异。限于篇幅，结果未在文中列示。

第四节　研究结论

　　本章在机制设计理论的分析框架下，结合信号传递理论，以我国 2009—2012 年沪市 A 股上市公司为研究样本，首先研究了企业内部控制有效性水平是否显著降低了企业风险，然后在第四章研究结论的基础上，考虑市场化程度、法律法规的完善程度、政府干预程度、审计质量、媒体监督等外部治理因素和控股股东性质、第一大股东持股比例、机构投资者持股比例、独立董事比例和董事会会议频率等内部治理因素对内部控制降低企业风险效应的影响。结果表明：公司治理机制对内部控制有效性降低企业风险的效应具有不同的影响。市场化程度越高，越有助于企业通过内部控制降低企业风险；政府干预越少，也越有助于企业通过加强内部控制来降低企业风险；审计质量对内部控制降低企业风险的效应没有显著影响；法律法规的完善有助于整体内部控制水平的提高，降低了企业内部控制有效性降低企业风险的边际效应；国有企业的内部控制有效性水平并不能显著降低企业风险；第一大股东持股比例和董事会会议频率高并不能显著增强内部控制降低企业风险的效应；机构投资者持股比例越高，越容易显著促进内部控制降低企业风险的效应；独立董事比例较高，可以通过有效的内部控制，显著降低企业风险。这些结论充分表明，公司治理机制会对内部控制降低企业风险的效应产生一定的影响，在研究内部控制有效性经济后果时，需要考虑公司治理机制的影响。

　　通过进一步分析，本章将内部控制指标体系的五个子目标分别替代内部控制有效性指标代入模型，得到了一些不同的结论：

资产安全目标、经营目标和战略目标的实现有助于降低企业的财务风险，而合法合规目标和财务报告目标的实现与降低企业财务风险没有明显的关系。(1) 考虑公司治理机制的影响后，合法合规性目标的实现与企业风险仍然没有显著的关系。但市场化程度较高，媒体关注度较高的企业，即使实现了合法合规目标，仍面临较高的企业风险；并且与民营企业相比，国有企业如果实现了合法合规目标，就能够显著降低企业风险；机构投资者持股比例较高的公司，即使严格遵守法律，仍然面临较高的企业风险。(2) 资产安全目标的实现能够显著降低企业风险。而在市场化程度较高、政府干预较少的地区，资产安全目标的实现能够进一步降低企业风险；国有企业如果实现了资产安全目标，就能够显著降低企业风险；而在机构投资者持股比例和独立董事比例较高的企业，即使实现了资产安全目标，仍面临较高的企业风险。(3) 财务报告目标的实现与企业风险具有不显著的相关关系，而审计质量对财务报告目标的实现起到互补作用，如果审计质量较高，当企业实现了财务报告目标时，就可以显著降低企业风险；国有企业如果实现了财务报告目标，就可以显著降低企业风险；第一大股东持股比例较高的企业，如果实现了财务报告目标，就可以显著降低企业风险；而独立董事比例较高的公司，即使实现了财务报告目标，仍面临较高的企业风险。(4) 经营目标的实现能够显著降低企业风险，而且审计质量、法律法规的完善程度和媒体监督可以替代经营目标的实现，当经营目标实现程度较低时，审计质量越高，法律法规越完善，媒体关注度越高，越有助于降低企业风险；而与国有企业相比，民营企业只要实现了经营目标，就可以显著降低企业风险；如果机构投资者持股比例较高，只要企业实现了经营目标，就可以显著降低企业风险。(5) 企业战略目标的实现能够降低企业风险，而且审计质量和法律法规的完善程度对战略目标的实现具有替代作用，当战略目标实现程度较低时，审计质量越高，法律法规越完善，越有助于降低企业风险；而与国有企业相比，民营企业只要实现了战略目标，就可以显著降低企业风险；如果机构投资者持股比例较高，只要企业实现了战略目标，就可以显著降低企业风险。

第五节　本章小结

（1）研究公司治理机制对内部控制有效性降低企业风险的影响，具有如下三点理论意义：第一，有助于深入理解内部控制对于企业风险的影响；第二，有助于深入研究公司治理机制对企业风险管理的影响；第三，有助于完善公司外部治理和内部治理的契合研究。

（2）通过对公司治理影响内部控制有效性降低企业风险的效应进行理论分析，我们认为，公司治理机制的完善，可以有效提高资源配置的效率，促使企业建立高效的内部控制制度实现降低风险的目的。我们以我国 2009—2012 年沪市 A 股上市公司为研究样本，对这一理论研究的结论进行了实证检验，得到了相应的理论支持。

（3）本章考虑市场化程度、法律法规的完善程度、政府干预程度、审计质量、媒体监督等外部治理因素和控股股东性质、第一大股东持股比例、机构投资者持股比例、独立董事比例和董事会会议频率等内部治理因素对内部控制有效性降低企业风险效应的影响。结果表明：公司治理机制对内部控制有效性降低企业风险的效应具有不同的影响。市场化程度越高，越有助于企业通过内部控制降低企业风险；政府干预越少，越有助于企业通过加强内部控制来降低企业风险；审计质量对内部控制降低企业风险的效应没有显著影响；法律法规的完善有助于整体内部控制水平的提高，降低了企业内部控制有效性降低企业风险的边际效应；国有企业的内部控制有效性水平并不能显著降低企业风险；第一大股东持股比例和董事会会议频率高，并不能显著增强内部控制降低企业风险的效应；如果机构投资者持股比例较高，可以显著促进内部控制降低企业风险的效应；如果独立董事比例较高，可以通过有效的内部控制，显著降低企业风险。

第八章

提高内部控制有效性的制度安排

通过理论分析和实证研究结论可以发现，公司治理机制会影响企业内部控制的有效性，并对企业风险管理效果产生作用。因此，如何通过一系列改进公司治理机制和提高内部控制有效性的制度安排，实现降低企业风险的目的，是本书最后需要解决的一个问题，本章将为提高内部控制有效性提供一些政策建议。

第一节　完善企业外部治理机制

在我国现行的制度环境下，基于明确内部控制责任主体的前提，强化外部机构的监督检查是比较有效的执行机制（陈志斌等，2007）。根据我们的实证研究结论，应通过发挥市场机制的作用，完善政府监管机制，保障注册会计师的独立性，健全法律法规的保障机制和完善媒体监督机制等外部治理机制加强企业内部控制建设，实现企业风险管理的目的。

一、发挥市场机制的作用

竞争是市场经济有效的最主要特征，市场机制包括资本市场、经理人市场、控制权市场、债权人市场、产品和要素市场等。市场机制通过有效的竞争，实现资源的优化配置。因此应积极完善市场机制，创造公平竞争的产品市场环境，使各种性质的企业能够在市场上公平竞争。公司为了获得相对于其他企业的竞争优势，会希望通过提高企业内部控制有效性，向投资者传递公司未来发展的积极信号，维护较好的公司形象，体现公司的竞争优势，从而提升自身的竞争力，实现降低企业风险的目的。另外，我国上市公司具有股权融资偏好，同时债权市场发育不完善，主要以银行为债权人的债权市场对企业监督弱化，导致企业缺乏通过内部控制有效性降低企业风险的动机。Grossman and Hart（1981）认为，企业如果进行债权融资，表明其对未来充满信心，愿意承担债务约束以及可能的破产风险，而市场往往对此做出积极的评价，企业也更有动机通过加强内部的管理来实现增加企业价值、降低风险的目的。

二、完善政府监管机制

尽管我国上市公司披露内部控制缺陷的公司比例呈现逐渐上升的趋势，但从内部控制评价得分以及迪博公布的内部控制披露指数来看，我国内部控制制度的实施还处于初级阶段，上市公司内部控制信息的披露更多地依赖于政府的强制要求，而对内部控制缺陷信息的自愿披露才刚刚开始，因此导致内部控制信息披露的信息含量较少。究其原因，一方面是我国企业内部控制缺陷信息披露的动机不足，相关信息披露没有成为企业的自发行为，更多地是为了满足政府的监管要求；另一方面是外部第三方独立机构没有发挥应有的监督约束作用，使得企业的内部控制建设成为摆设。因此，为增加内部控制信息含量，一方面应弱化政府对企业的主动干预，让企业能够自己解决自己的问题；另一方面，政府应采取被动干预的方式，如可以将企业内部控制缺陷信息的披露纳入上市公司信息披露的考核指标，引导企业自愿披露，并强化内部控制信息监管体系，更好地推动内部控制建设，提高我国企业的整体内部控制水平，最终实现公司治理效率的提高。

三、保障注册会计师的独立性

注册会计师对企业内部控制进行鉴证，能够提高内部控制信息的可靠性水平，更好地促使上市公司主动披露存在的内部控制缺陷，并针对内部控制缺陷提出改进建议。但审计质量的高低取决于注册会计师的独立性，即能否公正客观地发挥第三方的优势，对企业的内部控制进行鉴证。如果会计师事务所不仅为上市公司提供内部控制鉴证服务，而且还为同一家公司提供相关的管理咨询服务，那么其独立性必然会受到影响。

《企业内部控制基本规范》第一章第十条规定："为企业内部控制提供咨询的会计师事务所，不得同时为同一企业提供内部控制审计服务"。《企业内部控制评价指引》第三章第十五条规定："企业可以委托中介结构实施内部控制评价，为企业提供内部控制审计服务的会计师事务所，不得同时为同一企业提供内部控制评价服务"。这些都从法律的高度对注册会计师的独立性提出了要求，保障了会计师事务所和注册会计师的独立性。

然而在实施过程中，我国上市公司财务报表审计和内部控制审计服务是同一家会计师事务所，却仍然聘请该所咨询部门或关联事务所为本公司提供内部控制咨询服务的情况屡见不鲜。在这种情形下即使其关联公司在注册设立上已有表面区分，但实质上会计师事务所已丧失其作为第三方的独立性，出具审计报告的公信度将受到公众质疑。由 2001 年美国爆发的震惊世界的安然事件可知，会计师事务所缺乏独立性将导致严重的不良后果。为此，美国的《萨班斯法案》修改了 1934 年《证券交易法》，明确禁止为某公司提供审计服务的会计师事务所为同一家公司提供特定的非审计服务，提供其他非审计服务需要经公司审计委员会事先批准，特定非审计服务包括：会计记录报表服务、会计信息系统的设计和实施服务、评估及精算服务、内部审计服务、人力资源及管理服务、经纪服务、投资服务、法律服务、专家顾问服务以及其他认为不能提供的服务。

为进一步提高我国上市公司的内部控制水平，强化注册会计师的监督职能，防止上市公司和会计师事务所的联合舞弊，建议监管部门对上市公司聘请事务所及咨询机构提出具体的监管要求，例如要求上市公司披露聘请的提供审计服务的会计师事务所与提供咨询服务的机构是否具有关联关系，进一步提高会计师事务所的独立性，保证内部控制审计报告的可信度。

四、健全法律法规的保障机制

近年来，各国政府部门和监管机构出台了一系列法律法规，对内部控制建设提出了监管要求，并对内部控制制度的实施提出了建议。然而，我国并没有对上市公司实施内部控制体系的有效性提出具体的监管要求或颁布相关的处罚条例。

《萨班斯法案》404条款中，明确要求上市公司的首席执行官（CEO）和首席财务官（CFO）对主体财务呈报的内部控制的有效性进行评价，并对公司提交的报告负责，906条款对违反相关规定的行为给出了明确的处罚标准："故意进行证券欺诈的犯罪最高可判处25年入狱。对犯有欺诈罪的个人和公司的罚金最高分别可达500万美元和2 500万美元；公司首席执行官和首席财务官必须对报送给SEC的财务报告的合法性和公允表达作出保证，违反此项规定，将处以50万美元以下的罚款，或判处入狱5年"。404条款对责任的明确认定和906条款的严厉处罚给美国上

市公司施加了强大的法律监管压力，迫使上市公司严格根据相关
法律法规的要求，对内部控制信息进行披露，并披露内部控制的
有效性水平。美国上市公司自愿披露内部控制缺陷的比例是
13.8％，而我国在2010年这一比例还不足1％，难道真的是因为
我国上市公司的内部控制水平较高吗？与此形成对比的是，尽管
根据内部控制自愿披露的结果，我国超过99％的公司内部控制都
是有效的，然而事实上大多数公司都存在内部控制的重大缺陷，
有些公司的内部控制甚至是失效的，如江苏三友、双汇发展和紫
金矿业等公司都因存在重大内部控制缺陷爆发了一系列财务丑
闻。因此，建议我国监管部门借鉴美国《萨班斯法案》906条款
严厉的处罚规定，尽快完善相关法规的建设，对隐瞒内部控制缺
陷、虚报企业内部控制有效性水平的上市公司及相关负责人给出
明确的处罚标准，以促进我国资本市场的健康发展。

　　另外，监管部门还可以根据内部控制制度的建立实施情况，
评选出内部控制较好的企业，为其他上市公司树立标杆，推动其
他企业更好地实施内部控制体系，并可将内部控制与再融资政策
有机对接，让内部控制规范成为优胜劣汰的重要依据，以此来促
进上市公司主动完善内部控制体系。

五、完善媒体监督机制

　　新闻媒体对企业具有一定的监督作用，但媒体能够挖掘的信
息数量有限，一般都是针对市场现有信息进行加工整理，发现功
能比较弱。作为市场的主体，媒体对企业经营活动进行监督的动
机，主要是获得良好的声誉和伴随而来的经济利益（Miller，
2006），我国特殊的转型经济背景导致媒体监督的独立性和客观
性大打折扣，削弱了媒体的舆论监督作用。因此需要创造一个媒
体充分竞争的市场环境，加强对新闻自由的法律保护，所有权相

对分散、不被少数人控制是提高媒体公信度、降低媒体寻租可能、减少政府干预行为、充分发挥媒体监督治理作用的重点（Hosp，2004）。但媒体监督作为一种外部治理手段，其作用还需要借助行政力量和声誉机制的参与才能有效发挥。

第二节　完善企业内部治理机制

企业的内部控制有效性的完善和提高，以及风险管理目的的实现，不仅需要外部治理机制的有效保障，而且需要企业加强内部治理机制，为内部控制制度的有效运行建立一系列内部保障机制。

一、优化股权结构

股权结构是影响公司治理效率的一个重要因素（吴敬琏，2001），而我国"二元"制股权结构和国有股"一股独大"的股权特征严重影响了公司内部治理机制运行效率。控股股东完全享有股东大会的话语权，并派出自己的代表担任公司的董事长或总经理，对股东大会、董事会和监事会形成了实际的控制，造成董事会和监事会难以形成有效的监督机制，导致控股股东滥用权力，使公司的内部治理陷入困境。股东大会虽然是公司的最高权力机构，但我国中小股东过于分散，并且倾向于"搭便车"，对公司治理缺乏足够的积极性，在行使投票权方面缺乏主动性，导致控股股东牢牢掌握了股东大会的话语权。但目前这一状况伴随着机构投资者持股比例的增加而有所缓解，机构投资者的广泛持股，可以缓解代理问题，机构投资者凭借自身信息优势和专业特长，以公司法为武器，积极捍卫中小投资者作为股东的权利和利益，可以采取"联合行动"，即使持股比例较小，也可以对公司控股股东实施有效监督。但在此过程中应注意因机构投资者的引入带来的一些隐患，如机构投资者可能利用自身的信息优势和资金实力操纵市场，为谋取暴利而采取逆向选择行为，从而损害中小投资者利益。因此应对机构投资者加强治理和监管，发挥机构投资者在资本市场和公司内部治理中的积极作用，培养机构投资者自觉遵守市场规则，发挥对公司内部经营管理的有效监督约束作用，为内部控制有效性的提高创造良好的内部治理环境。

二、提高董事会效率

我国的董事会和监事会往往缺乏应有的独立性、专业性和问责能力，无法形成有效的内部监督约束机制。虽然我国从 2001 年开始对独立董事制度进行规范，但董事会的专门委员会（即审计委员会、薪酬和考核委员会、提名委员会及战略委员会）并不独立，独立董事的提名、聘任和薪酬决定等权利仍然掌握在控股股东的手上，独立董事制度也没有发挥有效的监督约束作用，没有形成对企业内部经营决策的有效制约，因此应增强董事会的独立性，提升董事会的工作效率。一方面，要增加独立董事的人数，改革独立董事的薪酬决定以及聘任机制，增强独立董事的独立性和话语权；另一方面，应提高董事会的工作效率，强化对内部控制重要性的认识。

同时，为提高内部控制的有效性，还需要充分发挥审计委员会的监督作用。我国 2008 年颁布的《企业内部控制基本规范》要求企业应在董事会下设立审计委员会，负责监督审查企业内部控制制度的建设，监督内部控制有效实施和内部控制的自我评价，协调内部控制审计等事项，可见，企业审计委员会的设立，对内部控制的设计与实施具有重要作用。然而在强制要求下，虽然所有的企业都设立了审计委员会，但它们是否发挥了相应的作用值得质疑。因此，为了提高内部控制有效性，应发挥审计委员会的监督制约作用。

第三节　加强企业内部控制建设

企业内部控制建设需要从内部控制制度设计有效性和执行有效性两个方面来强化。目前，我国虽然已初步建立了内部控制规范体系，但是在企业的具体实施过程中仍需要进一步细化，需要企业内部自上而下加强内部控制，建立积极风险管理的理念，更加强调执行有效性，从而更好地提高内部控制有效性。

一、加强企业风险管理机制

企业经营发展过程与风险紧密相关，风险管理与内部控制也是密不可分的（周兆生，2004）。风险管理水平的提高直接影响内部控制有效性，主要体现在内部控制成本和内部控制有效性水平上，最终目的是使内部控制更经济。因此，在企业内部控制的建立和实施过程中应以风险管理为导向，提高风险管理水平。因为同一风险对风险管理水平不同的企业具有不同的影响，企业风险管理水平越高，越能够更好地识别潜在风险、进行风险防范和应对，从而提高内部控制有效性。

二、增强人员内部控制建设意识

内部控制制度的建立和有效实施，以及企业内部控制有效性水平的提高，都离不开员工的参与。在内部控制的实施过程中，需要企业各个部门和所有员工相互协调、共同配合来完成，内部控制制度激励和约束的对象也是企业全体员工。因此企业建立和实施内部控制，需要增强全体员工内部控制建设的意识，重视内部控制建设，通过权责明确、职责分明的机构设置和赏罚分明的激励机制对全体员工形成监督，提高企业内部控制的执行力和企业员工的工作效率，保障企业内部控制制度的实施，从而提高企业的内部控制有效性。

三、实现内部控制与信息化的有机契合

伴随着信息化的发展，企业逐渐实现了生产过程的自动化、管理方式的多样化、决策过程的职能化、运营方式和资金流转的电子化。在这样的环境下，内部控制的重点和模式必然发生相应的变化。企业在发展信息化的同时，应将内部控制制度设计和信息化建设有机契合，充分考虑信息化的环境。信息化环境虽然能给企业带来信息的实时传输，减少信息不对称，但同时也会给企业带来一系列的新风险，如信息系统规划建设的控制风险、系统中内控机制设计漏洞风险、系统运转风险和人为操作风险等。因此在内部控制制度建设中应充分考虑信息化这一环境因素对内部控制建设的影响。

四、细化内部控制有效性的评价标准

《企业内部控制基本规范》第四十六条明确规定："企业应当结合内部监督情况，定期对内部控制的有效性进行自我评价，出具内部控制自我评价报告。"在此基础上，为了更好地促进企业内部控制评价工作的设计与运行，规范内部控制评价程序和评价报告等工作的有序开展，更好地揭示和防范风险，监管部门又专门制定了《企业内部控制评价指引》。这一系列评价指引对企业内部控制相关工作进行了规范，为企业内部控制评价提供了概念

框架，虽然内容涵盖了内部控制评价的全部内容，但在具体操作环节还需要细化。对于企业来说，进行内部控制评价还需要针对行业和企业的经营特点，在评价指引的框架下制定企业的内部控制评价标准。

第四节　本章小结

为完善制度环境，提高内部控制有效性，本章提出如下政策建议：

（1）完善外部治理机制。在我国现行的制度环境下，在明确内部控制责任主体的前提下，强化外部机构的监督检查是比较有效的执行机制（陈志斌等，2007）。即发挥市场机制的作用，完善政府监督机制，保障注册会计师的独立性，建立健全法律法规的保障机制，完善媒体监督机制。

（2）完善企业内部治理机制。企业内部控制有效性的完善和提高，不仅需要外部机制的有效保障，也需要企业加强内部治理机制，为内部控制制度的有效运行建立一系列内部保障机制，包括优化股权结构，强化机构投资者的监督制衡作用；提高董事会效率，建立内部监督约束机制。

（3）加强企业内部控制建设。企业内部控制建设需要从制度设计有效性和执行有效性两个方面来强化，如加强企业风险管理机制，增强人员内部控制建设意识，实现内部控制与信息化的有机契合，细化内部控制有效性的评价标准等。

第九章

研究结论与研究展望

第一节　研究结论

　　本书在总结国内外相关研究成果的基础上，运用委托代理理论、新制度经济学和机制设计理论等相关理论，采用规范分析、实证分析、契约分析等研究方法，借鉴国际经验，结合我国企业的市场环境和制度背景，对内部控制有效性如何影响企业风险的问题进行了全面而深入的研究，得出了一些有益的结论。

　　（1）关于内部控制有效性评价的问题。这是内部控制研究领域中最具有挑战性的一个问题。目前，学术界有关内部控制有效性的衡量方法主要有定性评价方法和定量评价方法。定性评价包括以是否存在内部控制实质性缺陷及其严重程度来评价和采用调查表法等，定量评价包括建立指标体系和数学模型等方法。这些替代变量存在一定的主观性，而且具有一定的"噪音"。但是，从我国资本市场的特殊性和数据的可获取性看，本书认为，与其他替代变量相比，采用建立评价指标的方法来衡量内部控制有效性比较适合我国上市公司的实际情况，是一种现实的选择。

（2）关于公司治理机制对内部控制有效性的影响。本书主要考察市场化程度、法律法规的完善程度、政府干预程度、审计质量、媒体监督等外部治理机制，以及控股股东性质、股权集中度、股权制衡度、独立董事比例和董事会会议次数等内部治理机制对公司内部控制有效性的影响。本书选择 2009—2012 年沪市A 股上市公司为研究样本，并按照一定的标准进行了筛选。通过分别考察公司治理机制对企业内部控制有效性的影响发现：①市场化程度、法律法规的完善程度、审计质量、媒体监督、第一大股东持股比例、机构投资者持股比例和董事会会议次数与企业内部控制有效性具有显著的正相关关系；②政府干预程度与企业内部控制有效性具有显著的负相关关系；③控股股东性质和独立董事持股比例与内部控制有效性之间不存在显著的相关性。本书还进一步考察了内部控制指标体系的五个分指标，法律法规的完善程度、第一大股东持股比例与合法合规目标具有显著的正相关关系；市场化程度、审计质量与资产安全目标具有显著的正相关关系，政府干预程度与资产安全目标具有显著的负相关关系；市场化程度、审计质量、法律法规的完善程度和媒体监督与财务报告目标具有显著的正相关关系，而政府干预程度与财务报告目标具有不显著的负相关关系；市场化程度、审计质量、法律法规的完善程度、媒体监督、机构投资者持股比例与经营目标具有显著的正相关关系；市场化程度、法律法规的完善程度、媒体监督、控股股东性质、第一大股东持股比例、机构投资者持股比例与战略目标具有显著的正相关关系。

（3）关于公司治理机制对企业内部控制有效性和企业风险关系的调节作用，具有如下三点理论意义：第一，有助于深入理解内部控制对于企业风险的影响；第二，有助于深入研究公司治理对企业风险管理的影响；第三，有助于完善公司外部控制和内部控制的契合研究。通过理论分析，本书认为，公司治理机制的完善可以有效提高资源配置的效率，促使企业建立高效的内部控制制度，以实现降低风险的目的。然后，以我国 2009—2012 年沪市 A 股上市公司为研究样本对这一理论研究的结论进行了实证检验，并得到了相应的支持。结果发现：①公司治理机制对内部控制有效性降低企业风险的效应具有不同的影响，市场化程度越高，越有助于企业通过内部控制降低企业风险；②政府干预越少，越有助于企业通过加强内部控制来降低企业风险；③审计质量对内部控制降低企业风险的效应没有显著影响；④法律法规的完善有助于整体内部控制水平的提高，可以降低企业内部控制有效性降低企业风险的边际效应；⑤国有企业的内部控制有效性水平并不能显著降低企业风险；⑥第一大股东持股比例和董事会会议频率较高，并不能显著增强内部控制降低企业风险的效应；⑦机构投资者持股比例较高，可以显著促进内部控制降低企业风险的效应；⑧独立董事比例较高，可以通过有效的内部控制，显著降低企业风险。

（4）关于提高内部控制有效性、降低企业风险的制度安排。本书着重从以下几个方面研究：①完善外部治理机制。在我国现行的制度环境下，基于明确内部控制责任主体的前提，强化外部机构的监督检查是较为有效的执行机制。即发挥市场机制的作用，完善政府监督机制，保障注册会计师的独立性，建立健全法律法规的保障机制，完善媒体监督机制。②完善企业内部治理机制。企业内部控制有效性的完善和提高，不仅需要外部机制的有效保障，还需要企业加强内部治理机制，为内部控制制度的有效运行建立一系列内部保障机制。包括优化股权结构，强化机构投资者的监督制衡作用；提高董事会效率，建立内部监督约束机制。③加强企业内部控制建设。企业内部控制建设，需要从内部

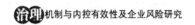

控制制度设计有效性和执行有效性两个方面来强化，如加强企业风险管理机制，增强人员内部控制建设意识，实现内部控制与信息化的有机契合，细化内部控制有效性的评价标准等。

第二节　研究展望

本书虽然对公司治理如何影响内部控制有效性以及企业风险进行了一些尝试性研究，取得了一定的理论成果，但由于受篇幅、时间以及作者认识水平的限制，仍存在许多有待今后做进一步研究的地方。

（1）关于内部控制有效性的衡量问题。目前，学术界对这一问题的研究基本上采用建立评价指标的方法，但对于具体指标如何选取以及如何兼顾不同企业的可比性和评价结果的及时性等问题仍然没有达成共识，虽然本书尝试建立了评价指标，但评价效果如何仍有待实践检验，这仍是学术界急需解决的重要问题。

（2）关于内部控制有效性的影响因素。本书考察了公司外部治理和内部治理机制对内部控制有效性的影响，但影响企业内部控制有效性的因素还有很多，如企业文化，管理层的领导才能以及员工的胜任能力等。因此，考虑企业文化对企业内部控制有效性的影响，是未来有待研究的一个重要方向。

（3）关于公司治理与内部控制有效性之间的内生性问题。在现实中，公司治理结构会影响内部控制有效性；同时，内部控制有效性也会影响公司治理结构。本书虽然对此问题有所考虑，但是否存在更好的办法来解决这一问题以提高实证研究结果的可靠性，仍有待今后做进一步研究。

（4）关于企业外部控制与内部控制的整合研究问题。在现实中，这两种监督控制机制都会对企业风险产生影响。然而，现有文献并没有将两种控制机制有机结合。本书从内部控制和外部控制的角度分别研究了对企业风险的影响，但并没有进一步区分两种监督控制机制的作用方式，这有待今后的进一步研究。

附　录

附录 1　内部控制的相关制度背景

一、美国内部控制的相关规定

在美国内部控制制度的发展史上，最著名的也是影响最为广泛的当属 2002 年出台的《萨班斯法案》。2002 年美国国内相继出现了一系列会计丑闻，安然、世通公司相继破产，导致投资者失去信心，为美国经济蒙上了阴影。为了规范财务报告，降低企业风险，增强投资者信心，针对安然、世通等财务欺诈事件，2002 年美国国会出台了《公众公司会计改革和投资者保护法案》，该法案由美国众议院金融服务委员会主席奥克斯利和参议院银行委员会主席萨班斯联合提出，又被称作 2002 年《萨班斯-奥克斯利法案》。《萨班斯法案》对美国 1933 年《证券法》、1934 年《证券交易法》做了不少修订，在会计职业监管、公司治理、证券市场监管等方面制定了许多新的规范。该法案的主要目的是重建公司信用，培育公众信心，振兴证券市场；改善公司治理，规范业务运作，加强商业行为的道德约束；提高财务报表和相关信息披露的透明度和完整性；确保公司管理层对递交证券交易委员会和向投资者披露的重要信息负责；确保公司管理层可以从有效监控的系统中获取重要信息。该法案的颁布给美国资本市场带来了深远的意义，对财务报告的程序产生了十分重大的影响，其中的 302、

404 和 906 条款需要特别关注。

(一) 302 条款

302 条款主要强调上市公司财务报告的真实性,该条款要求受《萨班斯法案》监管的所有公司(包括在美国上市的中国公司)的首席执行官和首席财务官必须出具书面声明,保证定期报告中的财务报表和信息披露是适当的,在所有重大方面公正地报告了公司的运营和财务状况。具体地说,包括首席执行官和首席财务官在内的企业管理层,须对公司与财务报告相关的内部控制,按季度和年度,就以下事项发表声明(予以证实):对建立和维护与财务报告有关的内部控制负责;设计所需的内部控制,以保证这些官员能指导该公司及其子公司的所有重大信息,尤其是报告期内的重大信息;与财务报告有关的内部控制的任何变更都已得到恰当的披露,这里的变更指最近一个会计季度已经产生,或者合理预期将对财务报告有关的内部控制产生重大影响的变更。

302 条款于 2002 年 9 月生效,规定美国上市公司的首席执行官和首席财务官在其年度和中期财务报告中必须签名并认证,其财务报告完全符合《萨班斯法案》的有关规定,不含有任何不真实的、容易导致其财务报表误导公众的重大错误或遗漏。如果将来发现公司财务报告有问题,首席执行官或首席财务官个人将承担民事甚至刑事责任。

302 条款给予企业最大的启示是,首席执行官和首席财务官必须充分了解企业的整体情况,尤其是公司的内部控制建设情况。对于公司的财务报表应当给予格外的关注,要通过各种方式了解财务报表披露的真实性和完整性。首席执行官和首席财务官在签名并认可财务报告时,可以通过询问财务报告编制人员等方式了解财务报告的编制过程,尽可能保证财务报告客观公正地报告了公司的运营情况和财务状况。只有这样，才能保证公司内部控制的有效性并避免财务报告不真实有效带来的后果。首席执行官和首席财务官负责保证财务报告的真实性。

（二）404条款

404条款要求公司管理层和外部审计师，每年在年报中就美国上市公司与财务报告相关的内部控制分别做出评价和报告。根据该条款的要求，美国上市公司要依据一个恰当且被广泛接受的内部控制理论框架，来评估公司财务报告内部控制的有效性。在美国，被推荐使用的理论框架就是COSO框架（其他国家也公布了一些适宜的框架）。COSO框架认为，内部控制有三个主要目标，即运营的效率和效果、财务报告的可靠性以及遵守适用的法律和规章。企业应对与财务报告相关的内部控制的有效性进行评价，并报送评价报告；同时，外部审计师也必须对企业与财务报告相关的内部控制的有效性进行审计并出具审计意见。

（三）906条款

《萨班斯法案》对上市公司欺诈行为和高管犯罪的刑事处罚力度是史无前例的。906条款规定，首席执行官和首席财务官在明知公司申报的包括财务报表在内的定期报告中有不真实的财务信息的情况下仍签署书面声明，将可被处以高达100万美元的罚款和长达10年的监禁；如果属于"有意欺诈"性质，提供虚假财务报告，将可被处以高达500万美元罚款和长达20年的监禁。

906条款清楚地表明了对犯罪的处罚力度，这一处罚是相当严厉的，以至于每一位首席执行官或首席财务官在签署财务报表时都要谨慎从事，不能大意。但是只要企业按照要求建设并维护好内部控制体系，并在此基础上按照404条款的要求进行自我评价和接受外部审计，就能避免906条款的惩罚。

《萨班斯法案》的出台体现了美国政府规范市场行为的决心，

虽然遭到了执行成本过高等指责，但也为全球资本市场带来了加强公司管理、信息披露和保护投资者利益的呼声。《萨班斯法案》的精神也日益体现在其他资本市场中，其中许多值得借鉴的公司治理和改革的条款都是值得日益成熟壮大和不断国际化的中国企业学习的。

二、日本《金融工具与交易法》

2006 年 6 月 7 日，日本国会通过《金融工具与交易法》（Financial Instrument and Exchange Law），它被业内称为"日本版萨班斯法案"（J-SOX）。在日本地位等同于美国证监会的监管机构——日本金融服务局商业会计理事会（Business Accounting Council of the Japanese Financial Services Agency）发布了关于《财务报告内部控制管理层评估与审计的准则实施指引》（Standards the Implementation Guidance for Management Assessment and Audit of Internal Control over Financial Reporting，ICFR）的最终报告，所有日本的上市公司从 2008 年 4 月 1 日起将正式适用这项规定。根据 J-SOX 的规定，管理层需要对财务报告内部控制的设计和运营效能进行评估，并在其归档文件中报告评估结果。独立审计师需要提供管理层评估效能鉴证报告。这样做的主要目的是促进日本所有机构产生良好的治理方式；解释良好的治理意味着什么；希望日本的法规与其所有主要贸易伙伴之间建立和谐的关系。

三、欧洲内部控制的相关规定

（一）英 国

1998 年 1 月，英国财务报告理事会（FRC）、伦敦股票交易所（LSE）、英国工业联合会（CBI）、英国企业董事协会（IOD）、会计团体咨询委员会（CCAB）、全英养老金协会（NAPF）、英国保险学会（ABI）等机构，以伦敦股票交易所的名义发布了一部旨在规范公司治理的法规，即"综合准则"（the combined code），其中有三条规定明确提出所有上市公司要建立健全内部控制：一是公司董事会负责建立健全一套完整的企业内部控制制度，以保护投资者的投资和公司的资产；二是董事会负责每年检查和评价一次内部控制制度的有效性，并向股东报告，内控系统的检查范围应涵盖所有控制因素，包括财务、运营、合规、风险等方面；三是没有设立内部审计职能的公司应随时评估公司各方面对内部审计工作的需求。

此外，伦敦股票交易所的"上市规则"（the listing rule）中对披露内部控制情况做了以下规定：上市公司在年报中要报告执行内部控制制度的情况，如果没有建立健全内部控制或部分建立了内部控制，需要说明详细原因。

（二）法　国

2003年8月，法国在其《金融安全法》（商法的一部分）中提出了对企业内部控制的要求，主要包括：上市公司应当在其年度报告中披露公司治理情况及相应的内部控制程序，并附上其审计师对本公司与财务会计信息的编制和处理相关的内控程序的观察报告；金融监管局每年应当根据各上市公司按照上述披露的情况编写内控报告建议书。由于金融监管局每年编写的内控报告建议书是在对当年各上市公司内控披露情况进行总结的基础上，提出改良的建议，因此，虽然不属于法规规定，但也构成上市公司改进内部控制报告的要求之一。

上述有关规定适用于所有有限责任公司，2005年7月，《经济法修正案》将这一规定的使用范围限定于上市公司。从上述规定可以看出，法国有关内部控制的要求有以下三个特点：第一，内部控制报告的签发人是公司的董事会主席；第二，内部控制报告无固定格式，具体分为两部分：一是有关公司治理的情况，二是有关公司的所有内部控制程序，而不仅仅是与财务报表信息相关的内部控制程序；第三，内部控制报告是描述性的，不需要对内部控制程序进行评价；第四，审计师仅仅披露对与财务报表信息的编制和处理相关的内部控制程序的观察情况，也不需要对该内部控制程序进行评价。

四、中国香港内部控制的相关规定

香港联合交易所在内部控制方面出台了两份重要文件，即《企业管制常规守则》和《内部监控与风险管理指引》。

（一）《企业管制常规守则》

2004 年 11 月，香港联合交易所颁布了《企业管制常规守则》（以下简称《守则》）和《企业管制报告》，并分别纳入了《主板上市规则》和《创业板上市规则》。《守则》于 2005 年 1 月 1 日生效，就此替代了《香港联合交易所有限公司证券上市规则》附录 14 所载之最佳应用守则（通常称为《旧守则》）。《守则》以英国的《良好企业治理的原则及最佳实务》为基础，兼而吸收了欧美公司治理方面的最新实务，要求香港上市公司须健全有效的内部控制制度，规定董事必须至少每年审查其内部控制制度的有效性，审查内容应覆盖公司内部所有重大的控制，可以包括财务、业务和合法合规以及风险管理职能等方面。

香港的这份《守则》主要包括两个层次的建议，即《企业管制常规守则》"守则条文"和《企业管制常规守则》"建议最佳常规"。其中，"守则条文"要求企业须在中期及年度报告中做出解释及披露，而"建议最佳常规"则只属于指引性质。

（二）《内部监控与风险管理指引》

2005 年 6 月，香港会计师公会（HKCPA）受香港联交所之托，发布了《内部监控与风险管理指引》，对内部控制制度做了适当调整，以适应当前的新状况。制定《内部监控与风险管理指引》的主要目的是就内部监控与风险管理的基本架构提供一般指引及建议。在基本层面上，该指引强调，有效监控的首要条件是公司必须确保拥有清晰的、经董事会同意且高级管理层及雇员清楚了解的目标。其次，公司应对可能妨碍其达到目标的风险进行识别、评估及按优先次序排列，然后制定程序，进行有效管理。最后，鉴于经营情况不断改变，必须对内部监控系统进行持续的监察和检查修正。香港会计师公会还特别强调，加强企业管治不单是执行法规，也是为了树立及培养道德规范和健康的企业文化。设立完善的内部监控系统与评估其有效性，并非只是为了遵守不必要和繁复的监管规定，而是要实施有效的机制以帮助公司实现其企业目标，满足股东和其他利益相关者的期望。

五、我国内部控制的相关监管要求

我国从 20 世纪 90 年代初就开始推动企业内部控制建设，其中影响较大的有财政部颁布的《企业内部控制基本规范》、证监会颁布的《关于提高上市公司质量意见的通知》、上海证券交易所颁布的《上海证券交易所上市公司内部控制指引》、深圳证券交易所颁布的《深圳证券交易所上市公司内部控制指引》及国资委颁布的《中央企业全面风险管理指引》。

(一) 证监会和证券交易所对上市公司的相关要求

(1) 财政部等五部委颁布的《企业内部控制基本规范》。2001 年 6 月 22 日，财政部以财会〔2001〕41 号文件发布了《内部会计控制规范——基本规范（试行）》和《内部会计控制规范——货币资金（试行）》。作为《中华人民共和国会计法》的配套法规，后又陆续颁布了《内部会计控制规范——担保（试行）》、

《内部会计控制规范——对外投资（试行）》、《内部会计控制规范——工程项目（试行）》、《内部会计控制规范——采购及付款（试行）》、《内部会计控制规范——销售与收款（试行）》。

2008 年 6 月 28 日，财政部、证监会、审计署、银监会、保监会联合发布了《企业内部控制基本规范》（以下简称《规范》），自 2009 年 7 月 1 日起在上市公司范围内施行，鼓励非上市的大中企业执行。同时，五部委还发布了《企业内部控制应用指引》、《企业内部控制评价指引》和《企业内部控制鉴证指引》。

我国的内部控制颇具中国特色，《规范》的制定借鉴了国际通行的先进理论，吸取了国外内部控制理论和实践发展过程中的经验和教训，又充分考虑了中国的国情和企业的现状，具有更加广泛的适用性。《规范》与《企业内部控制应用指引》、《企业内部控制评价指引》、《企业内部控制鉴证指引》配套形成了完整的体系，对企业及监管机构给予了更具可操作性的指导。同时，内部控制体系有利于企业控制风险，提升价值，内部控制建设作为一项重大举措必然会对企业的运作带来影响，但并不一定会加重企业负担。总的来说，企业在实施内部控制的初期必然会有一定成本增加，但这种成本增加是短期的。从长期的角度来看，内部控制体系有助于企业降低成本并创造出更多的价值。最后，内部控制对股市是长期利好，中国上市公司实施《规范》将有利于其提高运营质量。良好的内部控制可以帮助企业合法经营、保护资产、提供可靠的财务报告及相关信息披露，提高经营效率，在一定程度上可以减少错弊，防止资产流失，从而提升上市公司形象，帮助投资者坚定信心。

（2）国务院批转证监会《关于提高上市公司质量意见的通知》。为全面深入贯彻落实《国务院关于推进资本市场改革开放和稳定发展若干意见》（国发〔2004〕3 号），切实保护投资者的合法权益，促进资本市场持续健康发展，2005 年，国务院批转发布了证监会起草的《关于提高上市公司质量意见的通知》。

该文件从公司治理结构、内部控制、公司运营、融资以及激励与约束等方面对上市公司提出了要求。在内部控制方面，该文件要求上市公司加强内部控制制度建设，强化内部管理，对内部控制制度的完整性、合理性及其实施的有效性进行定期检查和评估，同时要通过外部审计对公司的内部控制制度以及公司的自我评估报告进行核实评价，并披露相关信息。通过自查和外部审计，及时发现内部控制制度的薄弱环节，认真整改，堵塞漏洞，有效提高风险防范能力。

（3）上海证券交易所颁布的《上海证券交易所上市公司内部控制指引》（以下简称《上交所指引》）、深圳证券交易所颁布的《深圳证券交易所上市公司内部控制指引》（以下简称《深交所指引》）。

《上交所指引》从 2006 年 7 月 1 日起实施，要求上市公司从 2006 年年度报告起披露内部控制自我评估报告和会计师事务所对自我评估报告的核实评价意见。该指引分为六章，共三十五条。《上交所指引》详细规定了上市公司内部控制的原则和董事会全体成员的责任，要求在上交所上市的公司按照法律、行政法规、部门规章以及上交所股票上市规则的规定，建立健全内部控制制度，保证内控制度的完整性、合理性及实施的有效性，以提高上市公司经营的效果和效率，增强公司信息披露的可靠性，确保公司行为合法合规。首先，《上交所指引》要求上市公司对内部控制进行检查监督，并指定专门的职能部门负责，建立相应的工作制度。该部门可直接向董事会报告，其负责人的任免可由董事会决定。其次，《上交所指引》对上市公司内部控制的信息披露做出了规定。指出上市公司应在定期报告中披露内部控制制度的实施情况，发生重大的内部控制风险时，还应及时以临时公告的形式披露。最后，《上交所指引》要求公司在年度报告中披露内部控制制度自我评估报告，并要求外部审计机构进行核实评价。

与《上交所指引》相比，《深交所指引》对内部控制的要求更为细化。该指引共十三条，就内部控制要素、公司治理、控制活动和风险评估等方面都做了具体要求。其中，在第五条中，指引就内部控制的八大要素即内部环境、目标设定、事项识别、风险评估、风险对策、控制活动、信息与沟通和内部监督都做了阐释。

（二）国资委对国企的要求

（1）国资委发布的《中央企业全面风险管理指引》（以下简称《风险管理指引》）。2006年，国资委发布了《风险管理指引》，从国有企业管理实践的内在需求以及国有资产出资人监管的角度出发，对中央企业开展风险管理工作的目标、全面风险管理体系建设的内容、流程以及工具和方法进行了详细的阐述，并提出了明确的执行要求。

关于风险管理基本流程，《风险管理指引》明确提出了从收集风险管理初始信息到风险评估、确定风险管理策略、风险管理解决方案的制定和实施，再到风险管理监督改进的闭合流程，为企业开展风险管理工作提供了一套系统可操作的程序。收集风险管理初始信息是风险评估的基础，也是整个风险管理体系建设工作的起点；风险评估的过程帮助企业认识到企业面临的种种风险，并选择出重点管理的内容，明确了后续工作的对象；通过风险管理策略的制定，企业将确立风险管理的目标，并建立起一套能锁定目标波动范围的管理原则和机制；制定和实施风险管理解决方案则是在此原则上，建立一套管理风险的方法和手段，并应用到实际工作中；最后，企业通过持续的监控改进使这套体系有序运转，并不断升级换代。

在风险管理组织体系方面，《风险管理指引》要求企业设置风险管理职能部门、内部审计部门和法律事务部门以及其他有关职能部门、业务单位的组织领导机构，并明确其职责。

《风险管理指引》对风险管理信息系统提出了要求，指出企业应将信息技术应用于风险管理的各项工作，建立涵盖风险管理的基本流程和内部控制系统各环节的风险管理信息系统，包括信息的采集、存储、加工、分析、测试、传递、报告、披露等。

《风险管理指引》还特别强调了风险管理文化。《风险管理指引》第五十九条指出，企业应注重建立具有风险意识的企业文化，促进企业风险管理水平、员工风险管理素质的提升，保障企业风险管理目标的实现。企业应在内部各个层面营造风险管理文化氛围，使风险管理文化建设融入企业文化建设的全过程。通过管理层在培育风险文化中的表率作用，加强员工法律素质教育，制定员工道德诚信准则，形成人人讲道德诚信、合法合规经营的风险管理文化。通过一系列激励配套措施，鼓励全员参与企业风险管理文化的培养与传播，并建立重要管理及业务流程、风险控制点的管理人员和业务操作人员岗前风险管理培训制度，加强对风险管理理念、知识、流程、管控核心内容的培训，培养风险管理人才，培育风险管理文化。

（2）国资委发布的《中央企业财务内部控制评价工作指引（2007 年度试行）》。2007 年 12 月 6 日，国资委发布的《关于印发〈中央企业财务内部控制评价工作指引（2007 年度试行）〉的通知》（评价函〔2007〕293 号）中规定，企业财务内部控制评价工作目的是促进企业内部建立健全运作规范化、管理科学化、监控制度化的财务内部控制体系。企业财务内部控制评价是指通过独立的调查、测试、分析企业在一定经营期间内所采取的各项财务内部控制政策、程序、措施，评价企业财务内部控制体系的建设、实施情况以及运行的有效程度。

（三）我国对特殊行业的监管要求

（1）银行业。2007 年 7 月，银监会发布了《商业银行内部控制指引》（以下简称《指引》），并将其和 2005 年 2 月银监会发布的《商业银行内部控制评价试行办法》作为中国银监会及其派出机构对商业银行风险评估的重要内容，也是市场准入管理的重要依据。

从整体上看，《指引》共十章，具体内容可分为四部分：第一部分为总则和内部控制的基本要求，从宏观层面把握内部控制；第二部分为授信的内部控制到中间业务的内部控制，从业务层面较为详细地介绍内部控制；第三部分为会计的内部控制到内部控制的监督与纠正，从执行监督的角度说明内部控制；第四部分为附则，说明了指引的适用范围和重要作用。

《指引》提出了商业银行内部控制的五要素，包括内部控制环境、风险识别与评估、内部控制措施、信息交流与反馈、监督评价与纠正，主要参照的是巴塞尔银行监管委员会发布的《商业银行内部控制制度框架》。

（2）保险业。1999 年 8 月，保监会发布了《保险公司内部控制制度建设指导原则》，要求企业建立组织机构系统、决策系统、执行系统、监督系统、支持保障系统等控制系统。内部控制要素包括组织机构控制、授权经营控制、财务会计控制、资金运用控制、业务流程控制、单证和印章管理控制、人事和劳动管理控制、计算机系统控制、稽核监督控制、信息反馈等。

2005 年 2 月，保监会发布了《保险中介机构内部控制指引（试行）》，要求在中国境内设立的经营保险中介业务的保险代理公司、保险经纪公司、保险公估公司等建立健全内部控制。2006

年 1 月，保监会发布了《寿险公司内部控制评价办法（试行）》，要求通过建立统一规范的内部控制评价标准，对寿险公司内部控制体系建设、实施和运行结果进行调查、测试、分析和评估，实施分类监管。

（3）证券业。2000 年 4 月，证监会发布《关于加强期货经纪公司内部控制指导原则》；2002 年 12 月，证监会发布《证券投资基金管理公司企业内部控制指导意见》；2003 年 12 月，证监会在2001 年发布的《证券公司内部控制指引》基础上进行修订，发布了新《证券公司内部控制指引》。

表 A1-1　　我国监管机构颁布的关于内部控制的主要法律法规

颁布机构	法　规	发布时间
中注协	《独立审计具体准则第 9 号——企业内部控制与审计风险》	1996 年 12 月
中国人民银行	《加强金融机构内部控制的指导原则》	1997 年 5 月
中国人民银行	《关于进一步完善和加强金融机构内部控制建设的若干意见》	1997 年 12 月
证监会	《关于上市公司做好各项资产减值准备等有关事项的通知》	1999 年
证监会	《公开发行证券公司信息披露编报规则》第 1、3、5 号	2000 年
全国人大常委会	新的《中华人民共和国会计法》	2000 年
证监会	《证券公司内部控制指引》	2001 年 1 月
证监会	《关于做好证券公司内部控制评审工作的通知》	2001 年 10 月
中国人民银行	《商业银行内部控制指引》	2002 年 9 月
财政部	《内部会计控制规范——基本规范（试行）》及《货币资金（试行）》、《采购和付款》、《销售与收款》、《工程项目》、《担保》和《对外投资》等六个具体控制规范	2001—2004 年

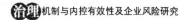

续表

颁布机构	法　　规	发布时间
证监会	《关于加强证券公司营业部内部控制若干措施的意见》	2003 年 12 月
银监会	《商业银行内部控制评价试行办法》	2004 年 8 月
国资委	《中央企业内部审计管理暂行办法》	2004 年 8 月 23 日
中注协	《独立审计具体准则第 29 号——了解被审计单位及其环境并评估重大错报风险（征求意见稿）》	2004 年 10 月
银监会	《商业银行市场风险管理指引》	2004 年 12 月
证监会	《关于提高上市公司质量的意见》	2005 年 10 月
国资委	《关于加强中央企业内部审计工作的通知》	2005 年 12 月 11 日
中注协	《中国注册会计师审计准则第 1411 号——考虑内部审计工作》	2006 年 2 月
证监会	《首次公开发行股票并上市管理办法》	2006 年 5 月
上交所	《上海证券交易所上市公司内部控制指引》	2006 年 5 月
证监会	《证券投资基金管理公司治理准则（试行）》	2006 年 5 月
深交所	《深圳证券交易所上市公司内部控制指引》	2006 年 9 月
国资委	《中央企业全面风险管理指引》	2006 年 6 月
证监会	《上市公司章程指引（2006 年修订）》	2006 年 12 月
上交所	《上市公司股东大会规则》	2006 年 12 月
证监会	《上市公司信息披露管理办法》	2007 年 1 月
国资委	《中央企业财务内部控制评价工作指引（2006 年度试点用）》	2007 年 1 月 8 日
财政部等五部委	《企业内部控制规范——基本规范（征求意见稿）》	2008 年 6 月
银监会	《商业银行操作风险管理指引》	2007 年 6 月
银监会	《商业银行内部控制指引》	2007 年 7 月 3 日
证监会	《上市公司监督管理条例（征求意见稿）》	2007 年 9 月
财政部等五部委	《企业内部控制配套指引》，包括《企业内部控制评价指引》和《企业内部控制审计指引》	2014 年 4 月

附录 2　内部控制缺陷披露现状

　　2002 年美国颁布了《萨班斯法案》,自此,内部控制受到前所未有的关注。2008 年 5 月,我国财政部等五部委发布了《企业内部控制规范——基本规范》(以下简称《基本规范》),要求上市公司对内部控制的有效性进行评价,披露自我评价报告。随后,五部委又于 2010 年 4 月发布了《基本规范》的配套指引,其中《企业内部控制评价指引》(以下简称《评价指引》)要求内部控制评价工作组对内部控制缺陷进行认定,并在评价报告中披露内部控制缺陷;同时,《企业内部控制审计指引》(以下简称《审计指引》)要求注册会计师对内部控制的有效性进行审计,并对缺陷进行认定。那么,上市公司的执行情况如何?本书以深交所主板 A 股上市公司为研究对象,对 2008—2012 年的内部控制自评报告、内部控制缺陷信息以及内部控制审计报告的披露状况进行分析和评价,并针对存在的问题提出相应的建议。

　　自 2007 年 7 月 1 日起,深交所主板 A 股上市公司已按《深交所指引》的规定披露内部控制自评报告,本书选取了 2008—2012 年深市主板 A 股上市公司,对其内部控制自评报告、内部控制审计报告及内部控制缺陷信息的披露状况进行详细的分析。

一、内部控制自评报告披露现状

由表 A2-1 可知，2008 年深市主板 A 股 475 家上市公司中有
460 家披露了内部控制自评报告，披露比例达到 96.84%，
2009—2011 年连续三年全部披露了内部控制自评报告，2012 年
也仅有 5 家上市公司没有披露内部控制自评报告，与前几年只有
少数上市公司披露内部控制自评报告相比，我国上市公司内部控
制自评报告披露情况已经有了很大的改善。深交所内部控制自评
报告的披露状况明显较好，原因在于《深交所指引》要求上市公
司披露内部控制自评报告，自 2007 年 7 月 1 日起施行；深交所
2008—2012 年颁布的《关于做好上市公司年度报告工作的通知》
也要求所有上市公司单独披露年度内部控制自我评价报告，两项
规范在 2008 年都已经施行，所以从 2008 年起大部分公司都披露
了内部控制自评报告。而《基本规范》从 2009 年 7 月 1 日起开始
施行，其法律效力高于深交所颁布的业务规则，所以自 2009 年
起更是做到了 100%披露，《深交所指引》和《基本规范》都得到
了较好的执行。

表 A2-1　　　　深市 2008—2012 年内部控制自评报告披露情况

年度	2008 年	2009 年	2010 年	2011 年	2012 年
上市公司数量（家）	475	473	473	472	470
披露自评报告数量（家）	460	473	473	472	465
披露比例（%）	96.84	100	100	100	98.94

《深交所指引》指定公司内部审计部门定期检查内部控制缺
陷，评估其执行的效率和效果，并明确要求上市公司在自评报告
中必须说明存在的内部控制缺陷以及异常事项的改进措施。《基
本规范》也规定由内部审计机构对内部控制的有效性进行监督检
查。那么，深市上市公司内部控制缺陷的披露情况如何？经笔者
统计，深市 2008—2012 年披露内部控制自评报告的公司中分别

有 269 家、236 家、200 家、187 家和 270 家公司披露了内部控制缺陷，其比例分别为 58.48%、49.89%、42.28%、39.62% 和 58.06%。

由上述分析可以看出，2008—2011 年披露内部控制缺陷的公司数量逐渐减少，而 2012 年又有所上升。这可能是由于《基本规范》配套指引自 2012 年在主板上市公司全面实施，上市公司要聘请会计师事务所对董事会出具的内部控制自评报告进行审计，激发了上市公司主动披露的动力，所以披露内部控制缺陷的公司数量激增。

二、内部控制审计报告披露现状

（一）内部控制审计报告出具情况

内部控制审计是指会计师事务所接受委托，对委托单位特定基准日内部控制设计及运行的有效性进行审计。

深市上市公司自 2008 年起基本上都披露了内部控制自评报告，却只有为数不多的公司聘请会计师事务所对内部控制的有效性进行审计。如表 A2-2 所示，2008 年 460 家披露内部控制自评报告的公司中仅有 42 家聘请了会计师事务所对其进行审计，只占 9.33%；2009 年和 2010 年 473 家披露内部控制自评报告的公司中分别有 87 家和 98 家聘请了会计师事务所单独对内部控制进行审计，比 2008 年翻了一番，但相对数量还是不多，占比也仅为 18.51% 和 20.85%，且两年差距不大，2010 年只比 2009 年多了 11 家。《基本规范》虽然要求上市公司对其内部控制有效性进行评价，出具年度内部控制自评报告，但对于聘请会计师事务所对其进行审计并没有强制要求，只是提到可以聘请。同样，虽然《深交所指引》要求注册会计师就公司财务报告内部控制出具核实评价意见，然而，其 2008 年的《年报工作通知》中并没有强制要求上市公司聘请会计师事务所单独对内部控制进行审计，只是鼓励公司聘请审计机构就公司财务报告内部控制情况出具鉴证报告。2009 年和 2010 年的《年报工作通知》中也只是提到，如果聘请了会计师事务所对内部控制的有效性进行审计，可以披露其出具的内部控制审计报告。也就是说，这三年聘请会计师事务所对内部控制进行审计是自愿的，并非强制性要求，因此上市公司的主动性不强，从而出现了上述情形。2011 年，聘请会计师事务所对内部控制进行审计的公司数量有所上升，达到 138 家。这是因为《审计指引》中明确要求注册会计师对上市公司内部控制的有效性进行审计并出具审计报告。然而《审计指引》自 2011 年 1 月 1 日起首先在 68 家境内外同时上市公司和 216 家内控试点公司施行，所以当年出具内部控制审计报告的公司数量较少。而到了 2012 年，465 家披露内部控制自评报告的公司中有 295 家聘请了会计师事务所对其进行审计，占比超过 50%，较 2011 年有了大幅度的提升，原因在于《审计指引》自 2012 年 1 月 1 日起在沪深交易所主板上市公司全面实施，大部分公司都遵循了这一规定。虽然聘请会计师事务所对内部控制的有效性进行审计是强制性要求，但是 2012 年仍有 36.56% 的上市公司并没有这样做，原因可能是《审计指引》中指出注册会计师可以单独对内部控制进行审计，也可以将内部控制审计与财务报表审计整合进行（简称整合审计），很多公司考虑到单独进行审计成本较高，依据成本效益原则，选择了整合审计。

表 A2-2　　　深市 2008—2012 年内部控制审计报告出具情况

年度	2008	2009	2010	2011	2012
披露自评报告数量（家）	460	473	473	472	465
出具审计报告数量（家）	42	87	98	138	295
占自评报告比例（%）	9.33	18.51	20.85	29.36	63.44

为了更直观地体现深市内部控制自评报告和审计报告的披露情况，笔者将两者近五年的变化趋势绘制在同一张图上，如图A2-1所示。

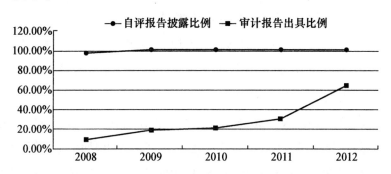

图A2-1　深市上市公司内部控制自评报告及审计报告披露趋势

从图A2-1中可以看出，五年来，深市主板A股上市公司较好地执行了《基本规范》及配套指引和《深交所指引》，几乎100%披露了内部控制自评报告。而2008—2011年，沪、深交易所A股上市公司中披露内部控制自评报告的公司比例分别为67.17%、62.85%、76.86%和78.08%。

根据表A2-1，2008—2011年深市主板A股上市公司披露内部控制自评报告的比例分别为96.84%、100%、100%和100%，均高于整体水平。

2008—2011年深市主板A股披露内部控制自评报告的上市公司中依次有9.33%、18.51%、20.85%和29.36%的公司披露了会计师事务所出具的内部控制审计报告，呈逐年上升趋势，且近两年来有了大幅度的提升，这主要得益于《审计指引》的颁布。然而，从图A2-1中可以明显看出，出具审计报告的比例远低于出具内部控制审计报告的比例，同时低于沪深两市A股上市公司的19.73%、35.56%、41.57%和40.21%。[1]可见，深交所

---

[1]　见胡为民等著《中国上市公司内部控制报告》。

还需继续加大力度，强制要求上市公司执行《基本规范》及其配套指引，聘请会计师事务所单独对内部控制的有效性进行审计并出具审计报告。

（二）内部控制审计意见出具情况

图 A2-1 显示出深市聘请会计师事务所对内部控制有效性进行审计的上市公司数量呈逐年上升趋势。那么，会计师事务所出具的审计报告是否可信呢？

如表 A2-3 所示，2008 年会计师事务所出具的内部控制审计报告均为标准无保留意见报告，2009—2012 年聘请会计师事务所对内部控制进行审计的上市公司分别有 3 家、1 家、2 家和 6 家被出具了非标准审计意见，分别占 3.45％、1.02％、1.45％和 2.03％，无论是绝对数量还是相对数量都少之又少。而这其中又分别有 2 家、1 家、2 家和 5 家被出具的是带强调事项段的无保留意见报告，即被出具内部控制审计报告上市公司中财务报告内部控制获得其所聘请的注册会计师无保留意见的比例接近 100％。

表 A2-3   深市 2008—2012 年内部控制审计意见出具情况

		2008 年	2009 年	2010 年	2011 年	2012 年
审计报告数量		42	87	98	138	295
标准无保留意见报告		42	84	97	134	289
非标准审计意见报告	带强调事项段的无保留意见报告	0	2	1	2	5
	保留意见报告	0	0	0	1	0
	否定意见报告	0	1	0	1	1
	合计	0	3	1	2	6
非标准审计意见占比（％）		0	3.45	1.02	1.45	2.03

针对这一现状，笔者提出质疑，上市公司财务报告内部控制制度是否真如注册会计师所描述的那般有效？针对这一疑问，笔者从深圳证券交易所网站统计得到，2009—2012 年分别有 48 家、

59 家、55 家和 43 家上市公司对当年的财务报告进行了重述，重述比率分别达 10.15％、12.47％、11.65％ 和 9.15％。其中，2011 年被注册会计师出具无保留意见内部控制审计报告的 136 家上市公司中有 11 家上市公司对财务报告进行了重述，重述比例高达 8.09％。由这一统计结果可知，我国还有相当一部分上市公司的财务报告内部控制存在缺陷，即使是被注册会计师出具标准意见的上市公司财务报告内部控制也可能存在某种程度的缺陷。

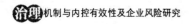

附录3 大同煤业内部控制体系构建

企业内部控制体系的构建应体现风险管理的思想，与企业内部控制目标相适应，并体现公司外部治理和内部治理的影响，现通过对大同煤业案例的分析，说明企业内部控制体系构建如何体现公司治理、内部控制和企业风险管理三者的联系。

一、公司简介

大同煤业股份有限公司（以下简称大同煤业）由大同煤矿集团有限责任公司为主发起人，联合中国中煤能源集团公司等七家发起人共同发起设立的股份有限公司，于2001年7月25日在山西省工商行政管理局注册成立。并于2006年6月在上海交易所挂牌交易，发行人民币普通股股票28 000万股，每股面值1元，每股发行价格6.76元，注册资本变更为83 685万元。大同煤业是一个以煤炭采掘、洗选加工、销售为主业的大型煤炭企业。"十二五"企业发展规划是：紧抓"综改试验区"这一历史机遇，谋划转型跨越发展大计。同时，按照"建设新同煤、打造新生活"的战略愿景，优化生产部署，创新安全管理体系，完善经营思路。2011年，大同煤业煤炭总产量达3 094万吨，实现净利润227 548万元，主营业务收入1 227 288万元，其中煤炭收入占公司主营业务收入的 99.45%。

　　大同煤业严格遵循财政部等五部委联合发布的《企业内部控制规范》、《企业内部控制配套指引》和上海证券交易所发布的《上交所指引》的规定，以及中国证监会山西监管局《关于做好上市公司内部控制规范有关工作的通知》（晋证监函〔2012〕25号）的相关规定，并本着"坚决导入、稳步实施、步步深入、逐年提高"的原则，制定公司内部控制规范实施工作方案，旨在建立以风险管理为核心，以内部环境、风险评估、控制活动、信息与沟通及内部监督为主要内容，涵盖公司经营管理各领域，设计完善、运行有效的内部控制规范体系，合理保证公司经营管理合法合规、资产安全、财务报告及相关信息真实完整，不断提高企业经营效率和效果，确保公司运转正常，保障股东利益，促进公司实现发展战略。

　　大同煤业以物质资本作为企业所必需的关键性资源，即认为物质资本在企业中最为重要，该企业生产所需的原材料供给没有限制，生产产品不会滞销，企业决策较为简单，管理要求及所需的技术支持较低。该企业符合本书作为物质资本型企业的各项条件，现根据大同煤业现有的内部控制现状，结合物质资本型企业的内部控制体系构建框架展开分析。

二、企业所有者和企业目标

　　企业的物质资本所有者是提供企业所需的货币资本或者实物资本，以达到企业价值增值的目的。其主要提供物质资本的利益相关者就是股东和债权人。其中，股东是主要的物质资本的提供者；而债权人在企业中的表现形式繁多，如银行、供应商、政府等都可通过向企业提供物质资本形成借贷行为，但是本案例只关注股东与企业内部控制体系构建的关系。2011 年大同煤业前五大

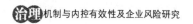

股东的持股情况如表 A3-1 所示。

表 A3-1　　　　　　　　2011 年大同煤业前五大股东持股情况

股东名称	股东性质	持股比例	持股总数	备注
大同煤矿集团有限责任公司	国有法人	60.48%	1 012 200 000	
河北港口集团有限公司	国有法人	1.59%	26 592 080	
兴业银行股份有限公司——兴全趋势投资混合型证券投资基金	其他	0.46%	7 643 932	
煤炭科学研究总院	国有法人	0.40%	6 648 020	
中诚信托有限责任公司——中诚·金谷 1 号集合资金信托	其他	0.36%	6 000 000	
2011 年股份总额		1 673 700 000 股	2011 年股东总数	193 326 户

从表 A3-1 中可以看出，2011 年，大同煤业股东总数是 193 326 户，股份总额是 167 370 万股。前五大股东中有三位是国有控股股东，大同煤矿集团有限责任公司（以下简称大同公司）是大同煤业最大的控股股东，持有 60.48% 的股份，持股总数 101 220 万股。由于前五大股东中后四位的持股比例与大同公司相差较大，因此，大同公司是大同煤业的绝对大股东。大同煤业的持股股东就是大同煤业真正的企业所有者，因此，并非所有的股东都直接参与企业内部管理。大同公司作为代表成了企业股东兼管理者，是因为它向企业投入了占股份总数 2/3 的货币资本，拥有企业的控制权和剩余分享权。其他股东虽然也是企业所有者，但是他们控制企业的能力相较于大同公司要弱很多，因此本案例以大同公司代表所有股东作为企业所有者，对物质资本所有者的分析也都是基于大同公司的数据完成的。企业所有者是企业控股股东，即大同煤业的大同公司，企业目标就是实现大同公司利益最大化以及大同公司与其他利益相关者关系最优化。企业存在的目的就是为股东服务，其收益的最终所有者也是股东。

三、企业内部控制体系构建

构建企业内部控制体系是一个动态管理过程，它是由一个或多个控制主体即企业所有者或其代理人实施的，将企业结构控制和企业文化控制应用于企业内部控制边界内，旨在识别可能会影响控制主体的潜在风险事项，使得风险控制在该控制主体的风险承受能力范围之内，并为以下目标的实现提供合理保证：企业所有者利益最大化和企业所有者与其他利益相关者关系最优化。企业内部控制体系包括企业结构控制要素和企业文化控制要素，其中企业结构控制要素是企业内部控制体系的"硬控制"，包含九个具体控制要素：控制主体、控制环境、控制目标、风险识别、风险评估、风险应对、控制活动、信息沟通和监督。此外，还有企业文化控制要素，它是企业内部控制体系的"软控制"，包括核心价值观、企业精神、道德修养和心理契约。

（1）控制主体。大同公司成为物质资本型企业的控制主体，是参与企业契约的签订者，是企业的所有者，也是企业剩余分享权和剩余控制权的行使者。大同公司作为企业控制主体的代表，一方面要实现其经济利益的增值，另一方面要尽量减少企业面临的诸多风险。

（2）控制环境。包括煤炭行业环境和市场环境。"十二五"期间，国家进一步倡导节能减排、创新技术、提高煤炭的使用效率；同时，在中西部地区建设大规模火电机组和制造业的中西部转移，不仅减少了煤炭运输途中的耗损，也为大同煤业的发展提供了机遇。此外，大同煤业基本垄断了山西北部的煤炭资源，加上集团的发电项目、煤制天然气项目以及涉足内蒙古铁路建设，一个大型多元化的煤炭能源企业的轮廓逐渐清晰，未来依托集团公司，上市公司的地位将不断得到加强。

大同煤业属于物质资本型企业，经营环境分析主要关注其经营能力和股东的获利能力。

如表 A3-2 所示，大同煤业近五年股利分派率逐年增加，2010 年与 2011 年股利分派率基本持平，但略有下降。2011 年，公司营业总收入达到 144.18 亿元，同比增长 37.92%，公司净利润为 22.75 亿元，同比增长 9.11%。2008 年下半年之后，由于中国的经济结构发生了"被动式"的变化，"全球制造业大国"的出口受阻，导致大量高耗能低附加值产能的过剩，以致 2008 年大同煤业的营业收入和净利润都有大幅下降；同时，由于 2011 年下半年房地产调控和抑制流动性效果显现，国内钢铁、建材和石化行业的需求受到遏制，导致 2011 年大同煤业利润增长态势较 2010 年偏缓，最终使煤炭的需求在 2011 年下半年出现阶段性的拐点，产量大体呈现弱势平衡的态势，价格也相应地呈现出"淡季不淡旺季不旺"的平淡。由于 2011 年企业的经营业绩较 2010 年增长偏缓，导致了企业股利分派率也有所下降，大同煤业的其他经济参考指标（市盈率、每股净资产、留存收益率等）都呈现出了类似的变化规律。

表 A3-2   大同煤业近五年股东获利能力分析表

	2007 年	2008 年	2009 年	2010 年	2011 年
营业总收入（亿元）	51.1	83.95	94.95	104.5	144.18
净利润（亿元）	5.84	27.13	20	20.85	22.75
流通 A 股（亿股）	3.31	3.31	8.37	16.737	16.737
每股收益（元）	0.6	2.4	1.78	0.77	0.65
股利分派率（%）	0.26	0.07	0.23	0.34	0.32
市盈率	53.33	4.73	25.28	27.29	18.71
每股净资产（元）	4.59	7.58	9.83	5.58	6.05
留存收益率（%）	0.78	0.95	0.83	0.79	0.85

资料来源：大同煤业 2007—2011 年年报及作者整理。

（3）控制目标。大同煤业的控制目标是：大同煤业在确定企业目标和控制主体的基础上，如何实现股东财富最大化的企业目标的进一步细分。大同煤业的控制目标由战略目标、经营目标、财务目标和合规目标构成（如图 A3-1 所示）。这些目标都是由大同煤业的企业目标决定的，即大同公司利益最大化和大同公司与其他利益相关者关系最优化。

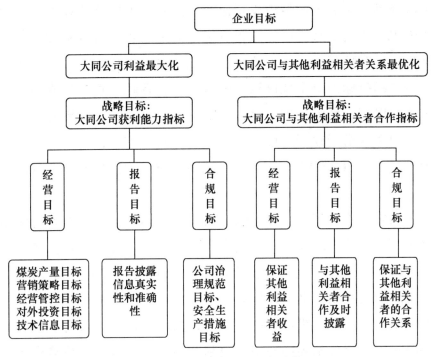

图 A3-1 大同煤业的控制目标结构图

如图 A3-1 所示，大同煤业在战略目标层面，为了设定大同公司未来获利能力指标，也就是股东的获利能力指标，可以选择股利派发率指标衡量，也可以根据企业股东创造的价值来衡量；在设定大同公司与其他利益相关者合作指标时，可以设定股东与其他利益相关者合作稳定度指标，煤炭企业对企业安全生产特别关注，这也是国家关注的重点，是体现企业物质资本所有者股东与利益相关者关系优化的主要控制目标。如国家关注企业安全生产，加大监管力度；员工关注安全，是出于自身收益与安全平衡的考量；其他金融机构关注安全问题，是对其自身资金安全性的平衡。此外，大同煤业管理层面战术目标的设定，分别包括经营目标、财务报告目标和合法合规目标，由于战略目标的差异，导致不同的战略目标将对应不同的经营目标、财务报告目标和合法合规目标。其中，经营目标较容易转化成量化指标，如图 A3-1 中所提供的相关企业经济业绩指标，这些都可以有选择地作为企业未来一年或未来长期的控制目标。但是财务报告目标和合法合规目标更多地是通过一些描述性指标给其赋予目标值，如企业安全生产的指标，要实现目标：集团公司百万吨死亡率控制在省考核指标以下，杜绝较大事故；集团子公司百万吨死亡率控制在集团公司考核指标以下，杜绝 2 人以上的死亡率；同时，生产、建设矿井安全生产无死亡事故，地面生产建设单位无重伤以上事故。

（4）风险识别、风险评估、风险应对和控制活动。作为物质资本型企业的大同煤业在明确物质资本所有者的企业目标和控制目标时，要针对影响目标实现的事项开展风险识别、风险评估、风险应对及控制活动，以保证实现"控制目标——风险分析——控制活动"的联动机制。在实现企业战略目标的时候需要面临的一级风险因素包括控制环境、控制主体、营运能力、战略资源和信息沟通五个方面。第一，控制环境包括企业宏观环境、行业环境和市场环境，需要关注影响企业在行业中的地位、行业的未来发展前景、国家对煤炭行业的监督和约束政策、企业在该领域中的定位等风险因素。第二，控制主体包括愿景规划和行为偏好，大同煤业应定位为物质资本型国有控股企业，其控制主体就是企业股东，即其中唯一的控股股东大同公司。国有控股上市公司的国有股东在行政上的"超强"控制和在产权上的"超弱"控制，分别导致国有上市公司呈现"政府干预"与"内部人控制"两大公司治理特征，从而不仅导致了股东与管理层之间的代理冲突，更多的是控股股东与其他股东之间的代理冲突（钟海燕，2010）。第三，营运能力包括采购管理、财务管理、人力资源管理、技术创新与产品开发、生产管理和营销管理。这是企业基本的经营方面所面临的风险问题，都需要在每个环节进行风险控制。第四，战略资源风险是利益相关者视角着重关注的关键点，也是体现各个企业类型区别的主要方面。大同煤业作为物质资本型企业，除了要关注物质资产的风险控制问题，还要关注企业安全生产的风险控制问题。这是大同煤业除了作为物质资本型企业所涉及的货币资本问题外，所要关注的另一问题——应将安全生产问题提升到物质资本实现同等重要的高度。第五，信息沟通包括战略沟通、经营协同和组织协同，这也是保证企业信息畅通性不可缺少的一个方面。

因此，在确认风险的同时还要注意对其评估，采用定量和定性的手段尽量准确地评价企业存在的每个层次、每个类别的风险，采用适当的风险应对和控制活动，将风险控制在控制主体可接受的范围内，以达到企业内部控制体系控制目标的要求。

（5）信息沟通与监督。信息沟通是将企业控制目标、控制客体与内部控制实施者联系在一起，是内部控制有效性实现的保证。信息的搜集和选择一方面要关注财务经济类定量数据，另一方面要关注企业内部未公开的定量和定性信息。特别是那些在企业内部形成的没有书面化的意识形态信息，如员工对安全知识的重视程度，等等。大同煤业如何在大量的信息中处理和提炼数据以形成股东决策行为的信息，这是对股东的挑战，也是企业内部控制体系信息沟通要素需要解决的问题。由于企业内部控制体系是一个开放式的管理活动，随着时间的更替，内部控制体系的相关风险应对或者控制活动已不再适用，因此仅靠前面八个控制要素是不能够实现反馈管理当局某些控制要素的具体内容，监督就是实现持续控制和个别评价相协调的有效途径。

（6）企业文化控制要素。大同煤业的企业文化控制要素是在企业结构控制要素构建完成后，在企业内部逐渐沉淀累积形成的。它是一种对企业了解和认识的意识形态，是通过自上而下的培养和自下而上的反馈，经过不断磨合、不断提升最终成型的，是与企业结构控制要素这个"硬控制"相对应的"软控制"。物质资本型企业文化是以股东为中心的核心价值观，应该使员工明确自己的职责以及完成任务能实现的回报，坚持员工的努力与企业的奖酬相互交换的公平原则，监督员工不符合企业规范的行为并促使其改正。特别是在国有企业中，公平公正、同工同酬是物质资本型企业的一种企业文化理念。大同煤业将企业文化的总体思想定位在"制度管企，文化管人"，并出台了《快乐工作法实施意见》和《星级考核评估办法》，使企业文化不再只是空话，将这种意识形态与业绩考核联系在一起也是不错的选择。

四、大同煤业内部控制体系构建的启示

本书立足于全面提升企业内部控制和管理水平，突破传统内部控制范畴，对内部控制体系构建的实践进行了有益尝试。通过以上对大同煤业内部控制体系构建的分析可以看出，大同煤业对企业内部控制的需求是迫切的，2012年，经过多方专家参与和企业内部自身的整合，完成了《内部控制自我评价报告》，并从利益相关者的视角对企业内部控制提出了独特见解，包括控制主体重新界定、控制目标体系以及内部控制构成要素的重新构建，以期解决内部控制在现实企业应用中存在的局限性。

（1）加强企业内部控制管控力度，使得经济运行更加稳健。企业应在符合股东愿景的战略目标基础上，针对各下属部门、附

属公司以及各业务环节的特点，建立相应的内控制度，涵盖经营活动中所有业务环节、贯穿经营活动各环节的各项管理制度。公司对内控制度的落实情况进行定期和不定期的检查，公司董事会对公司内控制度的建立健全、有效实施及其检查监督负责。大同煤业应继续围绕"强管精营做企业，勤俭持家富员工、科学持续谋发展"这条主线，严格落实强化经营管理措施和管理办法，加强过程控制，严细结果考核，加大投资审查力度。通过梳理公司各业务流程的规章制度，归集各业务流程的具体工作情况，诊断、识别存在的缺陷，公司内控规范实施项目小组制定公司内控缺陷整改方案，并与公司管理层进行确认，以实现管控分开、职能监督机制。不断完善业绩考核机制，创新考核办法，丰富考核内容，延伸考核范围，形成全覆盖、全方位的综合考核体系。建立健全奖惩体系，强化督察考核职能，层层分解，逐级把关，实现全过程监控，全方位评价，进一步提高工作效率。根据国家"十二五"规划有关"节能减排"的部署，强化现场综合治理和考核检查，使低碳节能意识深入人心，各类节能活动广泛开展。

（2）防控与治理并行，使得安全生产管理更加扎实。要实现股东与利益相关者关系最优化的企业目标，最基本的就是实现煤炭企业安全生产目标。近年来煤矿事故频发，责任事故和安全意识淡薄，以及安全制度不能落到实处是主要原因。一方面，要创新安全管理体系，即在"人人都是通风员"安全理念的基础上，提出"金字塔"安全系统管理法，构建安全工作的全员、全过程、全方位的管理格局，以及建立治理任务分解考核制度，实现安全隐患的闭合治理。另一方面，要严格员工培训机制，增加主要工种员工岗位准入考试以及煤矿主要负责人、安全生产管理人员和井下特种作业人员的培训考核和持证上岗等内容，同时，创新培训考核方式，坚持"培训下基层、下班组"，提高操作技能。

除此之外，还要加强内部控制在安全生产方面的监控力度，使安全生产的内控措施能得以实现，而非仅仅是一纸空文。

（3）塑造企业文化价值观，增强企业凝聚力和创新能力。企业文化是企业内部控制的补充和辅助，控制主体可以通过企业文化加强企业凝聚力和创新能力。利益相关者理论指导下的企业文化讲求的是利益相关者之间的"合作、和谐"理念，这可以促进控制主体与其他利益相关者相互合作，互助互惠，也可使企业员工间形成很好的团队合作精神。企业应继续沿着"制度管企，文化管人"的总体思路，认真执行《快乐工作法实施意见》和《星级考核评估办法》，建设企业文化百分考核标准，推行精细化管理，拓展分项文化，从而实现企业文化与企业内部控制、企业绩效考核的有效结合。

参考文献

［1］Andrew J. Leone. Factors Related to Internal Control Disclosure: A Discussion of Ashbaugh, Collins, and Kinney (2007) and Doyle, Ge, and McVay (2007). *Journal of Accounting and Economics*, 2007, 44 (1－2): 224－237.

［2］Ashbaugh-Skaife H, Collins D. W. , Kinney Jr. W. R. . The Discovery and Reporting of Internal Control Deficiencies prior to SOX-mandated Audits. *Journal of Accounting and Economics*, 2007, 44 (1): 166－192.

［3］Ashbaugh-Skaife H. , Collins D. W. . The Effect of SOX Internal Control Deficiencies and Their Remediation on Accrual Quality. *The Accounting Review*, 2008, 1 (83): 217－250.

［4］Basle Committee on Banking Supervision. *Framework for the Evaluation of Internal Control Systems*, 1998.

［5］Bedingfield J. P. , Loeb S. E. . Auditor Changes an Examination. *Journal of Accountancy*, 1974 (March), pp. 66－69.

［6］Bierstaker J. L. , Thibodeau J. C. . The Effect of Format

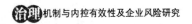

and Experience on Internal Control Evaluation. *Managerial Auditing Journal*, 2006, 21 (9): 877−891.

[7] Borthick A. F. , Curtis M. . B. , Sriram R. S. . Accelerating the Acquisition of Knowledge Structure to Improve Performance in Internal Control Reviews. *Accounting, Organizations and Society*, 2006, 31 (4): 323−342.

[8] Breton Miller L, Miller D. Why do some Family Businesses Out-Compete? Governance, Long Term Orientations, and Sustainable Capability. *Entrepreneurship Theory and Practice*, 2006, 30 (6): 731−746.

[9] Bronson S. N. , Carcello J. V. , Raghunandan K. . Firm Characteristics and Voluntary Management Reports on Internal Control. *Auditing*, 2006, 25 (2): 25−39.

[10] Bushee B. J. , J. E. Core, W. Guay. The Role of the Business Press as an Information Intermediary. *Journal of Accounting Research*, 2010, 48 (1): 1−19.

[11] Cappelletti L. . Performing an Internal Control Function to Sustain SOX 404 and Improve Risk Management: Evidence from Europe. *Management Accounting Quarterly*, 2009, 10 (4): 17−27.

[12] Chan K. , Farrell B. , Lee P. . Earnings Management of Firms Reporting Material Internal Control Weaknesses under Section 404 of the Sarbanes-Oxley Act. *Auditing*, 2008, 27 (2): 161−179.

[13] Chan K. , Kleinman G. , Lee P. . The Impact of Sarbanes-Oxley on Internal Control Remediation. *International Journal of Accounting and Information Management*, 2009, 17 (1): 53−65.

[14] Cheh J. , Frank G. , Bond Ratings and the Ephemeral

Effect of Reporting Internal Control Weakness. *Corporate Finance Review*, 2009, 13 (4): 22−32.

[15] Christine A. Botosan. Disclosure Level and the Cost of Equity Capital. *The Accounting Review*, 1997, 72 (3): 323 − 349.

[16] COCO. Guidance on Control. Toronto: CICA, 1995.

[17] Cortesi A., Tettamanzi P., Corno F.. Empirical Evidence on Internal Control Systems and Corporate Governance in Italy. *Journal of Management & Governance*, 2009, 13 (1): 75−100.

[18] COSO. Internal Control-Integrated Framework. New York, http://www.coso.org., 1992.

[19] COSO. Enterprise Risk Management Integrated Framework. New York, http://www.erm.coso.org., 2004.

[20] Craswell Francis. Pricing Initial Audit Engagements: A Test of Competing Theories. *The Accounting Review*, 1999, 74 (2): 201−216.

[21] Dechow P M, Dichev I D. The Quality of Accruals and Earnings: The Role of Accrual Estimation Errors. *The Accounting Review*, 2002, 77 (s-1): 35−59.

[22] DeFond M L, Francis J R. Audit Research after Sarbanes-Oxley. *Auditing: A Journal of Practice & Theory*, 2005, 24 (s-1): 5−30.

[23] Deumes R., Knechel W. R.. Economic Incentives for Voluntary Reporting on Internal Risk Management and Control Systems. *Auditing*, 2008, 27 (1): 35−66.

[24] Doyle, J., Ge W., Mcvay S.. Determinants of Weak-

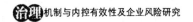

nesses in Internal Control over Financial Reporting. *Journal of Accounting and Economics*, 2007, 44 (1): 193—223.

[25] Dyck, Alexander, Natalya Volchkova, and Luigi Zingales. The Corporate Governance Role of the Media: Evidence from Russia. *Journal of Finance*, 2008, (63): 1093—1136.

[26] Elder R., Yan Z., Jian Z. et al.. Internal Control Weaknesses and Client Risk Management. *Journal of Accounting, Auditing & Finance*, 2009, 24 (4): 543—579.

[27] Ashbaugh-Skaife, H., D. Collins, W. Kinney, and R. Lafond. The Effect of SOX Internal Control Ficiencies on Firm Risk and Cost of Equity. *Journal of Accounting Research*, 2009, 47 (1): 1—43.

[28] Fitzsimons A. P., Silliman B. R.. SEC to Improve Implementation of Management's Reports on Internal Control. *Bank Accounting & Finance*, 2006, 19 (6): 39—44.

[29] Ge W, McVay S. The Disclosure of Material Weaknesses in Internal Control after the Sarbanes-Oxley Act. *Accounting Horizons*, 2005, 19 (3): 137—158.

[30] Geiger M. A., Cooper S. M., Boyle E. J.. Internal Control Components: Did COSO Get It Right? *CPA Journal*, 2004, 74 (1): 28—31.

[31] Goh B. W.. Audit Committees, Boards of Directors, and Remediation of Material Weaknesses in Internal Control. *Contemporary Accounting Research*, 2009, 26 (2): 549—579.

[32] Gupta P.. Management's Evaluation of Internal Controls under Section 404 (a) Using the COSO 1992 Control

Framework: Evidence from Practice. *International Journal of Disclosure and Governance*, 2008, 5 (1): 48−68.

[33] Hammersley, J., Myers, L., Shakespeare C.. Market Reactions to the Disclosure of Internal Control Weaknesses and to the Characteristics of Those Weaknesses under Section 302 of the Sarbanes-Oxley Act of 2002. *Review of Accounting Studies*, 2008, 13 (1): 141−165.

[34] Haron H., Ibrahim D. D. N., Jeyaraman K. et al.. Determinants of Internal Control Characteristics Influencing Voluntary and Mandatory Disclosures. *Managerial Auditing Journal*, 2010, 25 (2): 140−159.

[35] Hay D., Knechel W. R., Ling, H.. Evidence on the Impact of Internal Control and Corporate Governance on Audit Fees. *International Journal of Auditing*, 2008, 12 (1): 9−24.

[36] Hoitash R., Hoitash U., Bedard J.. Internal Control Quality and Audit Pricing under the Sarbanes-Oxley Act. *Auditing: A Journal of Practice&Theory*, 2008, 27 (1): 105 − 121.

[37] Houston Richard W., Peters Michael F., Pratt Jamie H.. The Audit Risk Model, Business Risk and Audit-Planning Decisions. *The Accounting Review*, 1999, 74 (3): 281−298.

[38] Hogan C. E., Wilkins M. S.. Evidence on the Audit Risk Model: Do Auditors Increase Audit Fees in the Presence of Internal Control Deficiencies? *Contemporary Accounting Research*, 2008, 25 (1): 219−242.

[39] Hsueh J. C., Shaio Y. H., Chin-Shien L.. An Internal Control Approach to the Construction of a Litigation Warning

Model: An Application of Logistic Regression. *International Journal of Management*, 2007, 24 (1): 164-173.

[40] Hurwicz L. Optimality and Informational Efficiency in Resource Allocation Processes, 1960.

[41] Hurwicz L. On Informationally Decentralized Systems. In: R. Rader and McGuire (ed.), Decision and Organization. Amsterdam: North-Holland, 1972.

[42] Hurwicz L. The Design of Resource Allocation Mechanisms. In: Arrow, K. J., L. Hurwicz (eds.), Studies in Resource Allocation Processes, 1977.

[43] ISACA. Control Objectives for Information and Related Technology, 1996.

[44] Ittonen K.. Investor Reactions to Disclosures of Material Internal Control Weaknesses. *Managerial Auditing Journal*, 2010, 25 (3): 259-268.

[45] Jeffrey T. D., Ge Wei Li, Sarah M.. Accruals Quality and Internal Control over Financial Reporting. *The Accounting Review*, 2007, 82 (5): 1141-1170.

[46] Jensen K. L., Payne J. L.. Management Trade-Offs of Internal Control and External Auditor Expertise. *Auditing: A Journal of Practice&Theory*, 2003, 22 (2): 99-119.

[47] Jokipii A.. Determinants and Consequences of Internal Control in Firms: A Contingency Theory Based Analysis. Springer Science+Business Media, LLC, 2009.

[48] Kam C. C., Picheng L., Gim S. S.. Why did Management and Auditors fail to Identify Ineffective Internal Controls in Their Initial SOX 404 Reviews? *Review of Accounting & Fi-*

nance, 2008, 7 (4): 338−355.

[49] Kim Y., Park M. S.. Market Uncertainty and Disclosure of Internal Control Deficiencies under the Sarbanes-Oxley Act. *Journal of Accounting and Public Policy*, 2009, 28 (5): 419−445.

[50] Klamm B., Watson M.. SOX 404 Reported Internal Control Weaknesses: A Test of COSO Framework Components and Information Technology. *Journal of Information Systems*, 2009, 23 (2): 1−23.

[51] Kopp L. S., O'Donnell E.. The Influence of a Business-process Focus on Category Knowledge and Internal Control Evaluation. *Accounting, Organizations and Society*, 2005, 30 (5): 423−434.

[52] Krishnan J.. Audit Committee Quality and Internal Control: An Empirical Analysis. *Accounting Review*, 2005, 80 (2): 649−675.

[53] Kwak W., Eldridge S., Shi Y. et al.. Predicting Material Weaknesses in Internal Control Systems after the Sarbanes-Oxley Act Using Multiple Criteria Linear Programming and other Data Mining Approaches. *Journal of Applied Business Research*, 2009, 25 (6): 105−118.

[54] La Porta. R., F. Lopez-de-Silanes, A. Shleiferand R. W. Vishny. Law and Finance. *Journal of Political Economy*, 1998, 106 (6): 1113−1155.

[55] La Porta R., Lopez-de-Silanes F., Shleifer A. et al.. Investor Protection and Corporate Governance. *Journal of Financial Economics*, 2000, 58 (1): 3−27.

[56] Leary C. O. , Iselin E. The Relative Effects of Elements of Internal Control on Auditors' Evaluations of Internal Control. *Pacific Accounting Review*, 2006, 18 (2): 69-96.

[57] Lopez T. J. , Vandervelde S. D. , Wu Y.. Investor Perceptions of an Auditor's Adverse Internal Control Opinion. *Journal of Accounting and Public Policy*, 2009, 28 (3): 231-250.

[58] Maskin E. The Existence of Economic Equilibria: Continuity and Mixed Strategies. Institute for Mathematical Studies in the Social Sciences, 1977.

[59] Maskin E. Nash Equilibrium and Welfare Optimality, Presented at the 1977 Summer Workshop of the Econometric Society in Paris. *Review of Economic Studies*, 1999, 66 (1): 23-38.

[60] Maskin E. , Sjöström T.. Implementation Theory. Handbook of Social Choice and Welfare, 2002, pp. 237-288.

[61] McNicholsM.. Discussion of the Quality of Accruals and Earnings: The Role of Accrual Estimation Errors. *Accounting Review*, 2002, pp. 61-69.

[62] Michael J. J.. Internal Control, Accountability and Corporate Governance. *Accounting, Auditing & Accountability Journal*, 2008, 21 (7): 1052-1075.

[63] Messod D. B. , Mary B. B. , Leslie D. H.. Internal Control Weaknesses and Information Uncertainty. *The Accounting Review*, 2008, 83 (3): 665-703.

[64] Myerson R B. Incentive Compatibility and the Bargaining Problem. *Econometrica: Journal of the Econometric Society*,

1979, pp. 61—73.

[65] Myerson R B. Optimal Auction Design. *Mathematics of Operations Research*, 1981, 6 (1): 58—73.

[66] Myerson R B. Optimal Coordination Mechanisms in Generalized Principal—Agent Problems. *Econometrica: Journal of Mathematical Economics*, 1982, 10 (1): 67—81.

[67] Myerson R B. Multistage Games with Communication. *Econometrica: Journal of the Econometric Society*, 1986, pp. 323—358.

[68] Myerson R B. Credible Negotiation Statements and Coherent Plans. *Econometrica: Journal of Economic Theory*, 1989, 48 (1): 264—303.

[69] Netter J., Poulsen A., Stegemoller M.. The Rise of Corporate Governance in Corporate Control Research. *Journal of Corporate Finance*, 2009, pp. 1—9.

[70] Naiker V., Sharma D.. Former Audit Partners on the Audit Committee and Internal Control Deficiencies. *The Accounting Review*, 2009, 84 (2): 559—587.

[71] North, D. (1981a). Structure and Change in Economic History, ch. 12, New York, Norton.

[72] Ogneva M., Subramanyam K. R., Raghunandan K.. Internal Control Weakness and Cost of Equity: Evidence from SOX Section 404 Disclosure. *The Accounting Review*, 2007, 82 (5): 1255—1291.

[73] Orchard L., Butterfield S.. An Internal Control Evaluation Tool for The Construction Industry. *Journal of Business & Economics Research*, 2009, 7 (12): 107—131.

[74] O'Reilly-Allen M. , Mcmullen D. . Internal Control Reporting and Users' Perceptions of Financial Statement Reliability. *American Business Review*, 2002, 20 (1): 100−108.

[75] Parveen P. G. . Management's Evaluation of Internal Controls under Section 404 (a) Using the COSO 1992 Control Framework: Evidence from Practice. *International Journal of Disclosure and Governance*. 2008, 5 (1): 48−68.

[76] Patterson E. R. , Smith J. R. . The Effects of Sarbanes-Oxley on Auditing and Internal Control Strength. *The Accounting Review*, 2007, 82 (2): 427−455.

[77] Paul K. Chaney, Debra C. Jeter, Lakshmanan Shivakumar. Self-selection of Auditors and Audit Pricing in Private Firms. *The Accounting Review*, 2004, 79: 51−72.

[78] PCAOB. Auditing Standard NO. 2 − An Audit of Internal Control over Financial Reporting Performed in Conjunction with an Audit of Financial Statements. New York, 2004.

. [79] PCAOB. Auditing Standard NO. 5 − An Audit of Internal Control over Financial Reporting that is Integrated with an Audit of Financial Statements. New York, 2007.

[80] Pistor Katharina, Xu, Chenggang. Governing Stock Markets in Transition Economies: Lessons from China. *American Law and Economics Review*, 2005, 7 (1): 184−210.

[81] Pratt Jamie, Stice James D. . The Effect of Client Characteristics on Auditor Litigation Risk Adjustments, Required Audit Evidenceand Recommended Audit Fees. *The Accounting Review*, 1994, 69 (4): 639−656.

[82] Raghunandan K. , Rama D. . SOX Section 404 Material Weakness Disclosures and Audit Fees. *Auditing: A Journal of Practice & Theory*, 2006, 25 (1): 99−114.

[83] Ray B. . Market and Political Regulatory Perspectives on the Recent Accounting Scandals. *Journal of Accounting Research*, 2009, 47 (2): 277−323.

[84] SEC. Final Rules: Management's Reports on Internal Control over Financial Reporting and Certification of Disclosure in Exchange Act Periodic Reports. Washington D. C. , 2003.

[85] Shon J. , Weiss R. . SOX 404 Effective Internal Control Systems and Executive Compensation. *The Journal of Applied Business and Economics*, 2009, 10 (2): 79−91.

[86] Sim M. . National Culture Effects on Groups Evaluating Internal Control. *Managerial Auditing Journal*, 2010, 25 (1): 53−78.

[87] Tackett J. A. , Wolf F. , Claypool G. A. . Internal Control under Sarbanes-Oxley: A Critical Examination. *Managerial Auditing Journal*, 2006, 21 (3): 317−323.

[88] Turpen Richard A. . Differential Pricing on Auditors' Initial Engagements: Further Evidence. *Auditing: A Journal of Practice & Theory*, 1990, 9 (2): 60−76.

[89] Tuttle B. , Vandervelde S. D. . An Empirical Examination of Cobit as an Internal Control Framework for Information Technology. *International Journal of Accounting Information Systems*, 2007, 8 (4): 240−263.

[90] Udi H. , Rani H. , Jean C. B. . Corporate Governance

and Internal Control over Financial Reporting: A Comparison of Regulatory Regimes. *The Accounting Review*, 2009, 84 (3): 839-867.

[91] Wolfe C., Mauldin E., Diaz M.. Concede or Deny: Do Management Persuasion Tactics Affect Auditor Evaluation of Internal Control Deviations? *The Accounting Review*, 2009, 84 (6): 2013-2037.

[92] Zhang I. X.. Economic Consequences of the Sarbanes - Oxley Act of 2002. *Journal of Accounting and Economics*, 2007, 44: 74-115.

[93] Zhang J., Pany K.. Current Research Questions on Internal Control over Financial Reporting Under Sarbanes-Oxley. *The CPA Journal*, 2008, 78 (2): 42-55.

[94] Zhang Y., Zhou J., Zhou N.. Audit Committee Quality, Auditor Independence and Internal Control Weaknesses. *Journal of Accounting and Public Policy*, 2007, 26 (3): 300-327.

[95] 蔡春, 蔡利, 田秋蓉. 内部审计功能与公司价值 [J]. 中国会计评论, 2011, 9 (3): 283-300.

[96] 曾进. 公司治理对企业风险—回报的影响——来自中国上市公司的经验证据 [J]. 管理评论, 2010, 7: 46-52.

[97] 蔡吉甫. 公司治理、审计风险与审计费用关系研究 [J]. 审计研究, 2007 (3): 65-71.

[98] 陈冬华, 章铁生, 李翔. 法律环境、政府管制与隐性契约 [J]. 经济研究, 2008 (3): 60-72.

[99] 陈汉文. 建立适合我国国情的内部控制评价体系 [N]. 证券时报, 2010.

[100] 陈汉文，张宜霞. 企业内部控制的有效性及其评价方法 [J]. 审计研究，2008（3）：48-54.

[101] 陈丽红，张龙平. 行业专门化与审计质量——来自中国审计市场的经验证据 [J]. 当代财经，2010（11）：111-119.

[102] 程晓陵，王怀明. 公司治理结构对内部控制有效性的影响 [J]. 审计研究，2008，4：53-61.

[103] 程新生. 公司治理、内部控制、组织结构互动关系研究 [J]. 会计研究，2004，4：14-18.

[104] 池国华. 基于管理视角的企业内部控制评价系统模式 [J]. 会计研究，2010，10：55-61.

[105] 褚成兵. 金字塔股权结构对内部控制有效性的影响——基于上市公司的经验证据 [J]. 中央财经大学学报，2013，3：78-83.

[106] 戴文涛，李维安. 企业内部控制综合评价模型与沪市上市公司内部控制质量研究 [J]. 管理评论，2013，25（1）：128-138.

[107] 戴彦. 企业内部控制评价体系的构建——基于 A 省电网公司的案例研究 [J]. 会计研究，2006（1）：69-76.

[108] 樊纲，王小鲁，朱恒鹏. 中国市场化指数——各地区市场化相对进程 2011 年报告 [M]. 北京：经济科学出版社，2011.

[109] 郭晓梅，傅元略. ZPM 内部控制制度的综合评价模型 [J]. 上海会计，2002（12）：6-9.

[110] 韩传模，汪士果. 基于 AHP 的企业内部控制模糊综合评价 [J]. 会计研究，2009，4：55-61.

[111] 贺建刚，魏明海，刘峰. 利益输送，媒体监督与公司治理：五粮液案例研究 [J]. 管理世界，2008（10）：141-150.

[112] 霍奇逊. 新制度主义经济学宣言 [M]. 北京：北京大学出版社，1993.

[113] 靳文辉. 宏观调控法律制度的经济学分析 [J]. 中国软科学，2009（5）：1-7.

[114]〔美〕康芒斯. 制度经济学（上册）[M]. 于树生，译. 北京：商务印书馆，1983.

[115] 李连华，唐国平. 内部控制效率：理论框架与测度评价 [J]. 会计研究，2012，5：16-21.

[116] 李培功，沈艺峰. 媒体的企业治理作用——中国的经验证据 [J]. 经济研究，2010，4：14-27.

[117] 李万福，林斌，宋璐. 内部控制在公司投资中的角色：效率促进还是抑制？[J]. 管理世界，2011，2：81-99.

[118] 李文贵，余明贵. 所有权性质、市场化进程与企业风险承担 [J]. 中国工业经济，2012，12：115-127.

[119] 李颖琦，俞俊利. 股权制衡与内部控制有效性——基于2008—2010年酿酒类上市公司的案例分析 [J]. 会计研究，2012，2：50-56.

[120] 刘启亮，罗乐，何威风，陈汉文. 产权性质、制度环境与内部控制 [J]. 会计研究，2012，3：52-61.

[121] 刘玉廷，王宏. 提升企业内部控制有效性的重要制度安排——关于实施企业内部控制注册会计师审计的有关问题 [J]. 会计研究，2010，7：3-10.

[122] 骆良斌，王河流. 基于 AHP 的上市公司内部控制质量模糊评价 [J]. 审计研究，2008，6：84-90.

[123] 南京大学会计与财务研究院课题组. 论中国企业内部控制评价制度的现实模式——基于 112 个企业案例的研究 [J]. 会计研究，2010，6：51-61.

[124] 深圳市迪博企业风险管理技术有限企业. 中国上市公司 2008 内部控制白皮书摘要等资料 [N]. 中国证券报，2008-06-24.

[125] 宋衍衡，肖星. 监管风险，事务所规模与审计质量 [J]. 审计研究，2012，3：83-90.

[126] 孙铮，刘凤委，李增泉. 市场化程度、政府干预与企业债务期限结构——来自我国上市公司的经验证据 [J]. 经济研究，2005，5：52-63.

[127] 田高良，齐保垒，李留闯. 基于财务报告的内部控制缺陷披露影响因素研究 [J]. 南开管理评论，2010，13（4）：134-141.

[128] 王宏等. 中国上市公司内部控制指数研究 [J]. 会计研究，2011（12）：20-24.

[129] 王立勇. 内部控制系统评价定量分析的数学模型 [J]. 审计研究，2004，8：53-59.

[130] 王稳，王东. 企业风险管理理论的演进与展望 [J]. 审计研究，2010，4：96-100.

[131] 吴敬琏. 控股股东行为与公司治理 [J]. 中国审计，2001，5：23-24.

[132] 吴武清等. 系统风险的会计决定：企业财务风险、经营风险、系统风险的时变关联 [J]. 管理科学学报，2012，4：71-80.

[133] 吴益兵. 内部控制审计信号的有效性及定价效应 [J]. 经济管理，2012，8：138-143.

[134] 夏立军，方轶强. 政府控制、治理环境与公司价值 [J]. 经济研究，2005，5：40-51.

[135] 辛宇，徐莉萍. 投资者保护视角下治理环境与股改对

价之间的关系研究［J］.经济研究，2007，9：121-133.

［136］杨德明，林斌，任英.内部控制，治理环境与投资者保护［J］.证券市场导报，2010，4：53-60.

［137］杨洁.基于 PDCA 循环的内部控制有效性综合评价［J］.会计研究，2011，4：82-87.

［138］杨雄胜，李翔，邱冠华.中国内部控制的社会认同度研究［J］.会计研究，2007，10（8）：60-67.

［139］杨雄胜，夏俊.内部控制评价——理论·实务·案例［M］.大连：大连出版社，2009.

［140］杨有红.2006 年沪市公司内部控制信息披露研究［J］.会计研究，2008（3）：35-42.

［141］杨有红.论内部控制环境的主导与环境优化——基于内部控制系统构建与持续优化视角［J］.会计研究，2013，5：67-72.

［142］杨有红，何玉润，王茂林.市场化程度、法律环境与企业内部控制自我评估报告的披露——基于沪市 A 股上市公司的数据分析［J］.上海立信会计学院学报，2011，25（1）：9-16.

［143］于增彪，王竞达，瞿卫菁.企业内部控制评价体系的构建——基于亚新科工业技术有限企业的案例研究［J］.审计研究，2007（3）：47-52.

［144］于忠泊，叶琼燕，田高良.外部监督与盈余管理——针对媒体关注、机构投资者与分析师的考察［J］.山西财经大学学报，2011（9）：90-99.

［145］张继德.两化深度融合条件下企业分阶段构建内部控制体系研究［J］.会计研究，2013，6：69-74.

［146］张先治，戴文涛.中国企业内部控制评价系统研究［J］.审计研究，2011（1）：69-78.

[147] 张颖，郑洪涛. 我国企业内部控制有效性及其影响因素的调查与分析 [J]. 审计研究，2010 (1)：75-81.

[148] 张兆国，张旺峰，杨清香. 目标导向下的内部控制评价体系构建及实证检验 [J]. 南开管理评论，2011，14 (1)：148-156.

[149] 郑志刚. 法律外制度的企业治理角色——一个文献综述 [J]. 管理世界，2007，9：136-159.

[150] 朱卫东，李永志，何秀余. 基于 BP 神经网络的企业内部控制体系评价研究 [J]. 运筹与管理，2005，14 (4)：80-84.

后 记

　　本书是在我博士论文的基础上经过多次修改而成的。虽然深知学业精进无涯，自己仅窥见了学术之光的片光零羽，前路险阻漫长，然而对这份阶段性的成果总结，却也敝帚自珍。因为它不仅是我多年学术生活学习磨砺和成长收获的缩影，而且凝聚着诸多给予过我帮助的老师、亲友、同门的温暖。伴随初稿的完成，博士生涯已经结束，回首期间的风风雨雨，点点滴滴，不禁唏嘘，感慨万千。

　　首先感谢我的导师刘玉廷教授。刘老师在烦琐的行政工作之余，对我的学习和生活进行多方面的指导和帮助，尤其是在会计司实习的半年时间，和刘老师有了更多的接触，我得到了更多的学习机会，开阔了眼界；刘老师百忙之余还多次组织同门召开学术研讨会，他的博学睿智让我受益匪浅；刘老师对生活豁达大度，总是教育我们"实实在在做人，踏踏实实做事"，令人敬佩不已。

　　感谢我的导师张兆国教授。张老师从论文的选题到框架的确定，甚至是文字的推敲，都给予了大量的指导。张老师的认真和勤奋，让我理解了学术的严谨和不易，让我明白学海无涯，学无止境；张老师对学生要求"先做人，后做事"，让我深悟人格的魅力，不仅重视学术的修为，更要兼修德行，做一个有节操的人。

感谢华中科技大学管理学院的其他老师和同门师兄弟姐妹在论文的写作过程和生活中给予我的帮助！感谢所有帮助我和爱护我的朋友！

感谢各位专家在论文的盲审、评阅和答辩环节提出的宝贵意见！感谢湖北经济学院的领导和老师们给予的关心和支持！感谢张庆教授在成书过程中提出的诸多建议和支持！特别感谢中国市场出版社的编辑们耐心、细致、出色的编辑工作！

感谢我的父母，不仅给我提供了物质支持，让我无衣食之忧，同时他们积极进取、拼搏努力、奋斗不息的精神也时时激励着我，不畏艰难，在面对困境时不断自我调整，迎接生命中的每一次挑战。

感谢我的爱人和儿子，你们的支持是我前进的最大动力，我永远爱你们！

最后写给自己。读博期间，我的生活也经历了人生的诸多转折，结婚、生子和丧父，伴随人生角色的转换，生活的压力逐渐增加，不仅要面对学业的压力，还要处理家庭的种种事务，这也促使我积累了种种人生经验，更加体会到人生的不易。于是，我的心智更加成熟，内心更加强大。祝自己在未来一帆风顺！